心を満たす
50歳からの生き方

加藤諦三

大和書房

はしがき

よく「50歳からどう生きるか」ということが議論される。しかし50歳は50歳までの生き方の結果であって、「50歳からどう生きるか」という問題ではない。

つまり社会的、肉体的に50歳になったからといって、皆が心理的に50歳になっているわけではない。社会的には50歳の人でも、心理的には5歳の人も、70歳まで情緒的に成熟した人もいる。

つまり社会的、肉体的に50歳の人のなかには、「大人になった幼児」もいれば、「美しき老人」への準備完了の人もいる。

50歳を同じ50歳と思ったら大間違いである。

幼少期であろうと高齢期であろうと人間は可能性に満ちている。

ただ、そのための条件がある。それは小さい頃からその時期その時期の心理的に未解決な課題を解決して、その心理的年齢になっていることである。

肉体的には青年期の暴飲暴食のツケが中高年期に出る。皆、このことは当たり前のように思っている。

心理的にも同じである。青年期の「心理的な自我価値の崩壊の防衛的生活態度」のツケが中高年期に出る。

具体的には青年期の生きる心の姿勢が、合理化、現実否認、逃避、様々の依存症など不安の消極的回避といわれるような生き方の場合、そのツケが中高年期に出る。

とにかく心理的にも、肉体的なことと同じように中高年期に青年期までの生き方のツケがくる。

法律がいくら両性の合意で結婚をして良いといっても、「大人になった幼児」は結婚に失敗する。さらに結婚の失敗の現実が自分の情緒的未成熟にあることを認めないで、ドメスティック・バイオレンスになったり、酒浸りになったりする。

よく「親を乗り越える」という。その心理的課題の大きさは人によって違う。

心理的に自立して社会的に50歳を迎えている人もいれば、親からの自立に失敗して、その結果恋愛にもつまずいて、さらに社会人として一人前になれないままで肉体的、社会的には50歳になる人もいる。

肉体的には視野が狭くなっても、歳を取ると心の視野は広がっていく人もいる。

それが心の苦しみから解放される一つの手段である。

逆に社会的、肉体的に歳を取ると、頑なになっていよいよ視野が狭くなる人もいる。

*

歳を取ってきたときに「積極的変化」は起きうるのか？

それは「起きうる」というのが老人研究者たちの意見である。[註1]

大切なのは基準変更[註2]である。

それは自分の人生に責任を負う決断である。この意見は、心理的に歳を取ると「積極的変化」は起きうるということで、社会的、肉体的に歳を取ると「積極的変化」は起きうるという意味ではない。

パーソナリティーは段階を追って発達する。若い頃の心理的課題を解決しないで、いきなり肉体的、社会的に高齢になって、基準変更といっても無理である。いきなり基準変更といっても無理である。

小さい頃からの心理的課題の解決に失敗しながら社会的に高齢になった人は、よく、それをする。

青少年期の心理的課題を解決しないで、中年期を乗り切ろうとするのは、不可能。それは無理。心の借金が膨大になっているのに、それを返済しないで、60歳になって新規事業をしようと、銀行に融資を申し込むようなものである。

まず今までの心理的に未解決な問題を解決することである。

人の運命はそれぞれまったく違う。どのような運命であれ、それは外から与えられたものである。

しかしその晩年において「そうか、これが自分の運命であったか」と、その運命を受け入れることができる人もいるし、自分の運命を恨み苦しんで死んでいく人もいる。

50代になったら自覚的に自らの運命を受け入れる。もしこれができれば最高の人生である。

母なるものを持った母親の元に生まれる人もいれば、対人恐怖症の母親の元に生まれる人もいる。子どもの自立を励ます父親もいれば、子どもを徹底的に攻撃し、いじめ抜く父親もいる。

幼児虐待も肉体的なものは目に見えるが、心理的虐待は見えない。母親、父親の精神的残酷性、すなわち子どもを辱め、傷つけようとする願望は、今の時代、想像以上に行き渡っている。さらに人間嫌いなサディズムは子どもに対して広い範囲に及んでいる。

つまり天国に生まれる人もいれば地獄に生まれる人もいる。

たまたま生まれたのが地獄であれ、天国であれ、それがその人の人生である。それがその人の運命である。

その自分の人生に対して責任を負う決断ができるのが人生の勝者である。

そこに自分という存在がこの世に生まれてきた意味が生じる。

自分の運命を引き受ける決意をするとき、人間のあまりの不公平に多くの人は神を恨み苦しむ。しかし自分の運命を引き受けるときは、自分の人生の苦しみに意味が賦与されるときである。

この世の地獄に生まれて50代まで生きてきた人もいるだろう。虐待につぐ虐待に耐えて、その日まで生き抜いた人もいるだろう。そういう人は、50歳になっても心にいろいろと心理的な問題を抱えていても不思議ではない。

しかしそういう人は、「心にいろいろと心理的問題を抱えながらも、今日まで生きてきた自分はすごい！」とまず自分を肯定的に認めることである。

まず自分が心にさまざまな心理的問題を抱えているということを認めること、

次に「その運命に耐えて生きてきた自分はすごい！」と自分を認めること。この2つを認めることなしに、その先の人生はない。

心理的に恵まれた人間環境の中で成長した人の人生は、端から見て波瀾万丈でも、想像されるほど苦しい人生ではない。

しかし不幸にして母なるものを持った母親の元ではなく、ノイローゼの母親のもとに生まれた人の人生は、外からは恵まれて見えても苦しい人生である。そういう人は、束縛され、侮辱され、蹴られて生きてきたに違いない。

その侮辱は、「多くの一見無害な方法で擬装されるかもしれない。[註3]」

それにもかかわらず、その人生を50代まで生き抜いてきた自分のエネルギーを称え信じることである。

戦い続けて生きてきた自分の生きる姿勢を信じることである。

その戦いの中で自分だけの人生の色が出ていることを信じることである。

今まで戦い続けて50代になった。もしかしたら心理的にはまだ6歳かもしれない。それでもこのまま戦い続けて生きていくことで、あなたの人生は芳香なる匂いが出てくる。

しかし先の2つを認めなければ、死臭のする人生になっていく。

*

高齢期を充実して生きられない人は、ある年齢に達しているのにまだ外への拡張の発想から抜け出せないでいる。

若い頃は「あれができる、これができる」という発想でいいかもしれない。こんなに速く走れる、こんなに大きな事業を成し遂げた、こんなに多くの外国語を話せる、こんなに多くの人を知っている、こんなにお金を儲けた等々、外への拡張期の発想である。

要するに「形」を問題にした発想である。

この外への拡張から内面の充実に方向転換ができないと老いてから不満になる。

いつになっても若い頃の心理的課題を解決できない。

そうした発想で高齢期を迎えれば、悩みはもっと次々に出てくる。定年退職にでもなれば、落ち込む人も出てくるし、中にはうつ病になる人が出てきておかしくはない。

若い頃の発想でいくと、年老いて不満がひどくなる。若い頃の発想でいくということは、若い頃の心理的課題が解決できないままで生きているということである。

年齢とともに人生の諸問題は解決が困難になることも多い。

本人の神経症が深刻化する、職業を変える、離婚をするなど、20代と50代では意味が違う。定年退職者のうつ病は、若い頃のうつ病とは違う。

自分の人生が行き詰まっている絶望感の解決は、年齢が上がるにしたがって困難を増してくる。それにもかかわらず、never too late to be happy. 幸せになるには遅すぎることはない。

しかし小さい頃から、その時期その時期の人生の課題を解決しないまま生きてきて、最後にサディズムに逃げ込む人も多い。まさに「サディズムは人間として生まれるという問題に対して、よりよい答えが得られない時の答えの一つである」（註4）。

現代では幼児虐待が止まらない現実がある。子どもを虐待することでしか、親自身が生き延びられない。

自分が大人になった幼児であることが認められないで、子どもを虐待することで、子どもを癒しの道具としてなんとか生き延びていく。

心理的に健康な人の老年期の成熟においては死への心構えをますます固める。それが「美しき老年」である。

テレンバッハは百歳の研究にふれて、老いは凋落よりも成熟である、（註5）という説を紹介している。この老いの成熟は「驚くべきしかたで活力の低下を超越して前進する精神的成熟」（註6）である。

定年退職した後で40代の正社員と同じ価値基準で自分を見ている人もいる。社会的活躍という評価を玉手箱にしている。

こういう人は、定年退職後に自分の内面の充実をおろそかにして隣近所のもめ事に首をつっこむ。その地域社会のトラブルを大きくする。そこに自分の役割が欲しいから。

心理的に未解決な問題を抱えながら高齢期になれば、このようにならざるを得ない。

周囲の人間関係のトラブルに関わりたくなったら、「私は今虚しいのだ」と認める。自分は自分を信じていないと認める。

こう思えば幸せになれるとわかって、そう思おうとしても、そうは思えない。そう思うまいとしても、そうとしか思えない。

そこでこの本では、「心理的に50歳になるにはどうすれば良いのか」ということも考える。「50歳になったらどうすれば良いのか」は、「50歳になるまでにどう生きれば良いか」である。

人間は過去に拘束されている。50歳になったらこうしよう、こう考えようとしても、そうはいかない。

50歳になるまでの心理的課題を解決していなければ、社会的、肉体的に50歳になっても、50歳ではない。

法律的に50歳と認められると、「私は50歳です」と錯覚する人は多い。

『俺には俺の生き方がある』を書いてから半世紀以上、悩んでいる人の話を聞いてきて、つくづく思う。法律と心はまったく別のもの、それさえわかれば新しい人生がスタートするのに、それが認められないで人生が行き詰まる。

人間は過去とともに想像にも支配される。

「あなたはバイクに乗りますか？」

「ぼくは乗らない」

それは「乗らない」と自分で決めているから。

自分で自分にそう制限を設けている。
その制限を取り払うこと。
とにかく制限なしにしてみる。

よく人は言う。
「もう今からは無理だろうな」と。
もう歳だから。
もう9回の裏だから。
その「もう」を取り払う。

目次

第2章 やりたいことを何もできなかった——劣等感

目次

第2部 心理的成熟で「自分の人生」を生きる

第4章 エディプス・コンプレックスと自明性

目次

第1部

道を見失った男たち

心理的課題はお金で解決出来ない。
自分の無意識に直面する勇気でしか解決出来ない。

第1章

やりたいことが見つからない——復讐心

「生きることに精一杯」が感情を抑圧する

ある定年後の人の手記である。

「さあ、やるぞ」と書いてある。

彼はこう書きながら現実に何をして良いか見つからない。

高齢になって心の危機に襲われ、自分を救うために好きなことを見つけようとした時には、もう自分は何が好きだか嫌いだかもわからなくなっていた。

好きなことが見つからないのは、過去の心理的課題が何も解決していないからである。

視点が少ないからである。価値観が歪んでいるからである。

小さい頃からそういう生き方をしてきたのである。

ちょっと元気が出ると「さあ、やるぞ」と言いながら、具体的に何をやって良いかがわからない高齢者がいる。

この人は、順序を踏まない。コントロール能力がない。

何を始める時も幼児の発想である。

さらに何をする時にもふさわしい努力がない。

こういう人は重大な感情を抑圧している。

自分が重大な感情を抑圧しているということは、今まで自分が「生きることに精一杯」だったということである。

頑張るには、とにかく頑張った。

こういう人は、意識と無意識の乖離《かいり》があって、パーソナリティーが矛盾を含んでいる。

この人は自発的な感情を持つまでに心理的には成長していない。

自分がただ「生きることに精一杯」だと、近い人に愛情を感じない。近い人に関心がない。

恋人でも親でも子どもでも誰でも良いが、とにかく社会的、肉体的に近い人がいる。

この人は、その近い人に心理的に関心がない。

さらに、人生では小さいことの積み重ねが大きなことにつながるのだが、これがわかっていない。

今、「50歳からどうするか」と考えている人は、自分が神経症であることをまず自覚することである。

「さあ、やるぞ」と言いながら、人生という解のわからぬこのへんで、「俺は昨日も今日も生きている。生きているからには毎日何かやっている」という気になっているだけだ。

自分が抱える心の問題を考えたか？

「悩みは昨日の出来事ではない」とベラン・ウルフはいうが、まさにその通りである。

定年で悩んでいると思っているが、別に定年が問題ではない。その時までのその人の生き方の結果が、今の悩みの気持ちである。

50歳についても同じである。

「さあ、やるぞ」という意欲があっても、周囲の現実の世界に興味と関心がない。自己執着が強いから、長いこと現実の世界で生きていない。

「興味と関心の覚醒」という青年期の課題を解決しないで、肉体的、社会的に壮年期や高齢期になってしまった。

どんなに有名な会社の役員になっても、心理的には5歳かもしれない。本人はそれに気がついていない。

仕事人間が定年になっていきなり「趣味を大切に生きよ」と言われても無理だ。「俺は今からでも遅くはない。『何が一番面白いか？』と、本気で考えよう」と彼は言う。

しかし「何が一番面白いか？」が彼にはわからない。

自分が60歳だと思っているから。

社会的に60歳だと、自分は60歳だと思ってしまう。

彼がもし「自分はまだ心理的には5歳だ」とわかっていれば、自分は何が一番面白いか、自然とわかる。

何が面白いかが彼にはわからないのは、彼が自分の心が抱えている問題を考えないからである。

自分の無意識にあるものを意識化しようとしないからである。

無意識の領域に凄い憎しみを抱えていたら、どんなに「さあ、やるぞ」と叫んで、頑張っても、現実にやることは見つからない。

なぜならその人は本当にやりたいことを意識できないから。

隠された怒りを意識することはできないから。

隠された怒りの内容は、おそらく自分の関係した人達に復讐することだからである。

青年期の課題である「興味と関心の覚醒」の解決があって初めて、定年後の趣味が準備できる。

青年期の課題を解決しないでおいて、50歳になって「50歳からどう生きるか」を考えると言っても意味がない。

高尾山にも登っていない人が、ヒマラヤにどう登るかを考えているようなものである。

親に従順に従うことを強制されて成長し、大人になって結婚してから「責任感のある親になれ」と言われても無理なことと同じである。

心の中にある2種類の「憎しみ」

こういう人は、自らの運命を受け入れられない人である。

「さあ、やるぞ」という言葉が、実際に自分の出来ることを「さあ、やる」ことではない。

この人は、自分の出来ることをすることで満足できない。

実際に自分の出来ることをすることに生き甲斐を感じられない。

しようとすることはつねに非現実的なほど高い期待である。だから「さあ、やるぞ」という意欲が現実には空回りする。

それは自分の心が抱えている問題を考えないからである。

自分の無意識にある心理的に未解決な問題を意識化しようとしないからである。

その結果、自分が小さい頃から安らぎがなかったことに気がつかない。

無意識の領域に凄い憎しみを抱えていたら、どんなに「さあ、やるぞ」と張り切っても、現実にはやることは見つからない。

大きな夢は単なる欲求不満の症状でしかない。

なぜならその人が本当にやりたいことは、それまで自分の関係した人たちに復讐することだからである。

憎しみには2種類ある。

一つは依存心から生じる敵意、憎しみである。よく言われる「依存と敵意」の関係である。

ある人に依存している。

しかし依存している相手は、こちらの望み通りに動かない。褒めてもらいたい時に褒めてくれるとは限らない。

そこで不満になり、不満が攻撃性になる。

もちろんそういう人は、心理的に自立することで怒り、憎しみ、敵意は解消する。

自立すれば近い人との依存的敵対関係はなくなる。

もう一つは屈辱感から生じる憎しみである。

これは依存心から生じる憎しみや敵意とは違う。

愛する能力やコミュニケーション能力を破壊するのは、この憎しみである。

自立出来ない人にはこの2種類の憎しみがある。

だんだん体が不調になっていく。理由もなく調子が悪い。

どこの病院に行っても的確な診断をしてくれない。それは体に原因があるのではないから。

青年期の課題の一つは興味の覚醒であるが、その覚醒の障害になっているものがある。

それはその人の無意識にある蓄積された憎しみである。

この人は、自分が重大な感情を抑圧していることを認めていない。

相手を理解するとは、相手の過去の感情的記憶の貯蔵庫に何があるのかを理解することである。

同じように自分を理解することも、自分の今までの感情的記憶の貯蔵庫に何があるのかを理解することである。

小さい頃から依存心を克服できている人などいない。

誰でも自立は怖い。

自立とはこの心の中の恐怖のシステムを壊すことである。

自分の感情的記憶の貯蔵庫を開けてみることである。

それに気がつけば世界は一変する可能性が出てくる。

見返したい気持ちが「やりたいこと」を見えなくする

心理的に未解決な問題を抱えていれば、「さあ、やるぞ」が、自分の出来ることを「やる」ことではない。

そんな人は、自分の出来ることをすることで満足できない。自分の出来ることをすることに生き甲斐を感じられない。しようとすることはつねに非現実的なほど高い期待である。自分の心理的成長の過程も、自分の能力も考えないで「さあ、やるぞ」と言う。

小さい頃から今まで、「現実の自分」ができることをコツコツとしてこなかった。

現実の中で生きてこなかった。

だから「さあ、やるぞ」という意欲が現実には空回りする。

今まで現実の世界では生きてこなかった。想像の世界、幻想の世界で生きてきた。

この人は、無意識の絶望感から目を背けたままで、「さあ、やるぞ」と言っている。

自分が自分に絶望しているという真実から目を背けたままで、つまり「本当の自分」を知らないままで、心理的に未解決な問題を抱えたままで何かをやろうとしている。

しかしやることは見つからない。どんなに「さあ、やるぞ」と言っても、人は自分の無意識の必要性には勝てない。

この人がしたいのはまず無意識の必要性からである。

つまり恨みを晴らすことである。

この人の本当の願望は、頑張って優越して、周囲の人を見返したいということ。

今はその復讐心を無意識に追いやっているから、やりたいことを意識できないのである。

そしてそういう人の心理的成長は、その段階で停止している。

社会的、肉体的にはどんどん歳は取っていく。

ところが現実の世界で周囲の人を見返すだけの力はその人にはない。

「今からでも遅くはない。『何が一番面白いか？』と、本気で考えよう」と言うが、一番面白いのは見返すことである。

優越することである。隠された怒りを晴らすことである。

しかし自分の心の底には怒りが凄いということに気がついていない。

この人にとって、本当にしたいことは、そこ人の無意識にある。そこで意識の

世界でどんなに「何が一番面白いか」と探しても見つからない。

「本来の自分」に気がつき、それを認めればやることは見つかる。過去の心理的に未解決な問題を一つひとつ解決していけば、やることは見つかる。

「自信がない」という悲痛な心の叫び

「することが具体的にわからない」のは、自分の位置がわからないからである。社会の中での自分の位置とは、周囲の人たちの中での自分の位置である。

自分は父親なのだけれども、自分が父親であるということがわかっていない。典型的なのは「親子の役割逆転」をするような親である。自分は親なのだけれども、子どもに甘えている。

逆に引きこもりのように自分は親を介護する立場なのに、50歳で親に甘えている。

この人は「本当の自分」に気がついていない。気がつこうとしていない。

自分の問題がなんであるかに気がついていない。

心理的に未解決な問題があることさえわかっていない。

だから「何が一番面白いのか」がわからない。

この人の心の本当の叫びは「俺は自信がないんだ！」という悲痛な叫びである。

その無意識の悲痛な叫びに気がつけば、格好をつけた本気、人に見せるための本気が、本当の本気に変化する可能性はある。

そして人生は豊かに拓《ひら》けていく可能性が出てくる。

また、それ以外に「俺は皆を支配したいんだ！」という悲痛な叫びもある。

自分の無力感を癒したいのである。

しかしこの人は、自分の無力感に気がついていない。

もし小さい頃から、その時その時の心理的課題を解決して生きてくれれば、こんな悲痛な叫びはない。

意識では「俺は絶対の自信があるからね！」と言っていた。しかしこの人は無意識で、自分に絶望している。だが自分に絶望していることを絶対に認めない。

本人がそれに気がつき、それを認めない限り、何を言っても、その言葉はお人形の言葉でしかない。

彼の本当の心の底の叫びは「俺は自信がないんだ！　だから力が欲しいんだ！　人々を支配したいんだ！」だ。

それに気がつかない限り、この人は何を言っても舞台の上で演技をしている人の言葉に過ぎない。

心理的課題はお金で解決出来ない。自分の無意識に直面する勇気でしか解決出来ない。

世間の価値基準で自分に失望している

ところで、「さあ、やるぞ」と言いながら具体的に何をやって良いかがわからない人は、大人になってからも「穴」を掘って生活を始めた。

穴に入って、一切の世間的な価値を否定した。世間の価値基準で、自分を評価されることを拒否したのである。

人が人生の道を間違えるのは、自我価値の崩壊に対する防衛の仕方によってである。

ロロ・メイの言う「不安の消極的回避」である。

世間の価値基準で、自分がどう評価されようと、自分は生きるに値《あたい》するという自己イメージを持った人は、人生の道を間違えることは少ない。

しかし自分が自分として生きていないで、世間の価値基準で生きている人がいる。

しかも自分が望む評価を受けていないと無意識に感じている人は、自分は評価される存在であると思いたい。世間の価値基準を否定しがちである。

そして人生の道を間違いやすい。

世間の価値基準で、自分は自分が望む評価を受けていないと思い、自分に失望しながらも、その失望を乗り越えたときに、人間としての自分の価値に気がつく。

世間の価値基準で、あくまでも自分が望む評価を求めるのは、青年期に自立に失敗しているのである。

大人になって挫折するいわゆる「良い子」は、小さい頃に無意識では親に不満なのに、意識では感謝していると言い張る子どもである。

良い子になることで親に喜ばれようとしているのである。喜ばれるように振る舞うことで、その子にとって親はいよいよ他人になる。

表面的に見ると親子関係はうまく行っているようであるが、子どもは憎しみを増大させている。ここで心理的に問題を抱えた。

彼の場合、高齢になって心の危機に襲われ、自分を救うために好きなことを見つけようとした時には、もう自分は何が好きだか、嫌いだかわからなくなっていた。

好きなことが見つからないのは、視点が少ないからである。

価値観が歪んでいるからである。

自分自身の体験がなかったからである。

「幸せになれないロマンチスト」を生む自己執着

やりたいことが見つからない人は、自分の無意識の絶望感から目を背けたままで、「さあ、やるぞ」と言っている。

自分が自分に絶望しているという真実から目を背けたままで、つまり「本当の自分」を知らないままで、認めないままで、何かをやろうとしている。

しかしやることは見つからない。

「さあ、やるぞ」という「言葉」があっても自己執着が強いから周囲の世界に興味と関心がない。

ただ「幸せになりたい！」といった抽象的な願いの時には、幸せは手に入らない。あるいは「幸せになるぞ！」という抽象的な意志の時には、幸せは手に入らない。

悩みも、「さあ、やるぞ」という意欲も抽象的なのである。「この商売をしたい」などという具体的な願望がない。ベラン・ウルフに言わせれば幸せになれないロマンチストである。

しようとすることはつねに非現実的なほど高い期待である。だから「さあ、やるぞ」という意欲が現実には空回りする。

今「意欲」と書いたが、本当の意欲ではない。

この人は一口に言って自己疎外された人である。

だから「さあ、やるぞ」という「意欲」が、口先だけの言葉なのである。

「さあ、やるぞ」と言っても、「俺は絶対にやらない」と言っても、人形が言っているのと同じである。

メサイア・コンプレックスの高校生が「俺は世界を征服する」と言っているのと同じである。

小さい頃から妄想の世界で生きてきて、現実がない。

自己疎外された人が「愛している」と言っても、自己実現している人が「愛している」と言っているのとは違う。

「愛している」と言っても、その場だけの口先だけである。その人は自分では本気でも、生きていることそのことが「空」なのである。


自己疎外された人の心は妄想の中で生きている。

その人自身が生きていない。そういう人には現実がない。

肉体的年齢が50歳で、心理的年齢が5歳だから、現実はない。

例えば「妻はいい人でした」「夫はいい人でした」と言う。しかし具体的な思い出話が出来ない。

配偶者ばかりではなく、人の評価は抽象的な表現が多い。

「あいつはなかなかの人物だ」

「あの人は浅い、まだまだ距離がある」

自己疎外された人とは何を約束しても信用できない。

もちろん本人は「嘘」をついているのではない。

自己疎外された人は嘘をついているのではないが、実行しない。

現実の世界で約束していないから。

相手は50歳の人が言っていると思っている。だから後になって「え？」ということになる。

「え？」ということになるのは、その人が幻想の中で生きていて、現実の中で生きていないということを、こちらが的確に理解していないからである。

「なぜ好きなことがないのか？」が解決の糸口

「今からでも遅くはない。『何が一番面白いか？』と、本気で考えよう」とする。せっかく意識領域の拡大のチャンスまで行きながら、つまり本当に現実の世界で生きる可能性に近づきながら、人生が行き詰まったままである。

もう一歩、実際に現実の世界に踏み込めないから、何が一番面白いかがわからない。

それは自分の心が抱えている心理的未解決な問題を考えるのが怖いからである。

自分の無意識にあるものを意識しようとしないからである。

「本気で考えよう」と言っても、その本気がわからないから、本人は本気で考えているつもりだが、本気で考えていない。

本気で考える「ふり」を自分にしているだけである。

本気で考えようとしても、考えられない。

自分の無意識にあるもの、例えば絶望感、虚無感に気がつくのが怖いからである。

もし「自分はなぜ好きなことが見つからないのだろう」と本当に気がつけば、解決の糸口は見つかる。

そうすれば、自分は「好きなことが見つからない」のではなく、「好きなことがないのだ」と気がついてくる。

そこでさらに「なぜ好きなことがないのだろう」と疑問が出てくる。

そこで初めて、今までの自分の自己疎外という生き方に気がついてくる。

今まで現実否認をし、自我価値の防衛ばかりにエネルギーを使った生き方をしていた。

小さい頃から人生の諸問題を何も本質的に解決しないで生きてきたことに気が

つけば、道は広がる。

そこで、その今までの生き方の結果が、「何が一番面白いか考えよう」にも考えられないことにつながっていることに気がつく。

つまり、長い間の、自我価値の防衛の生き方、人に見せるためだけの生き方、その生き方の結果として「自分には好きなことがない」と気がつく。そしてそれを認める。

そこで新しい人生が拓ける可能性が出てくる。

「やっていることに興味があるのかね？」と自分に問いかける。

この点を深めれば、やることは見つかる。今まで興味のあることをやってこなかったということに気がつくから。

自分の視点を増やすマインドフルネス

マインドフルネスは小さなことに気がつくことである。

愛情がマインドフルネスであり、自己執着がマインドレスネスである。

マインドフルネスでない人が、ナルシシスト。

多面的視点から物事の認識ができない。

マインドレスネスな人は「私はこの点で優れている、この点では優れていない」というような認識が出来ない。

批判されれば激怒する。激怒しないときには落ち込む。

ナルシシストは得意になったり、落ち込んだりという心の揺れが激しい。

マインドフルネスな人のように、多面的視点から物事の認識ができれば、何か批判をされたときでも、怒り心頭に発するということがない。

また極端に落ち込まない。

人を見るときにも、相手の弱点と長所を理解している。

全ての点で自分が優れているということは考えられない。そこで得意になったり、落ち込んだりという激しい心の揺れがない。

あのハーヴァード大学も「成績が良いからといって入学できるわけではない」と言っている。

成績という一つの視点で受験生を判断しない。成績も一つの判断材料にしか過ぎない。

「私はこんなこともできる」と自分が受けたい大学に自分を理解してもらおうとする。

これが自己主張である。大学もそれを歓迎している。

また、マインドフルネスな生き方をすれば、人生における葛藤ははっきりと分かるほど減少すると、エレン・ランガー教授は言う。

先入観に支配されている家庭や職場において、柔軟に、もっとスムースに生きていくことができる。

マインドレスネスの人は固定観念に縛られている。

「妻はこうでなければいけない」、「男はこうであるべき」等という固定観念で生きている。

一口で言えば生活をしていく上で、小さな工夫をするか、工夫しないか、である。

素直になってマインドフルネスであれば、好きなことは見つかる。

心が柔軟性を失っているのは、憎しみを抑圧しているからである。

視点を増やすことは意識領域の拡大でもある。

しかしそれには勇気がいる。

もちろん歳を取ってからでも、今度は素直になって、視点を増やしてマインドフルネスであれば、好きなことは見つかる。

「素直になってマインドフルネス」ということは、今の自分を正直に見つめることである。

既成の概念に固執しないことである。

そして「その自分」を認めることである。

ところが、学生時代は成績の良い人が優れた人、ビジネスパーソンになってからはエリート・コースを進むのが優れた人、それ以外の人はダメな人間と信じ込んで生きてきた人がいる。

この人は、脳が正常に機能していないから、「ビジネスでの成功、人間関係の失敗」が起きる。

人生の土台ができていないから、社会的に成功しても、最後は、人生に行き詰まる。

今書いているような人は、愛想の良い笑顔の陰に、隠された怒りがある。自分の無意識に気がついていない。

視点は限られている。「本当の自分」に気がついていない。

どんなに視点を増やすと言っても、あるいは増やそうと思っても、心理的に未解決な問題を抱えて、そこに固執していれば、視点を増やすことはできない。

実際に自分が本当にしたいことは見つからない。

高齢期になって肉体的には視野が狭くなっても、心理的未解決な問題を抱えていなければ、心の視野は広がっていく。歳をとると視野は広がっていく。

心の苦しみから逃れる一つの手段は、心の視野を広げることだが、その人が自分の無意識に拘束されている限り心の視野は広がらない。

つまりこの人は、自分の人生に適切な目的を持てない。

逆に言えば不幸を受け入れられない人である。だから心理的未解決な問題が歳とともに増えていく。

心の柔軟性がある人は憎しみを抑圧していない。愛想の良い笑顔の陰に、隠された怒りがない。

不快な感情をコントロールする能力、それがマインドフルネスの性質でもある。視点が多いことである。

今の不快な感情を違った視点から見られる。

ダニエル・ゴールマンはその著書の中で「マインドフルネスが自分の感情をマネイジすることを助ける」[註7] と書いている。

第2章
やりたいことを何もできなかった
——劣等感

格好つけの「やりたいこと」だった人生

死を前にして、ある人が次のように書き残した。

「やりたいことの一つでもやっていたら、自分の人生も変わっていただろう」

これほど悲痛な人生の後悔の念もなかろう。

なぜこの人は「やりたいことの一つでも出来なかった」のか。

本当に「やりたいこと」が、なかったからである。

この人にとって、やりたいことは、皆に「わあ、凄い！」と言われること、認められることであって、小さい頃から自分が心の底からやりたいことがあったのではない。

だから現実には一つも出来なかった。

本当にやりたいことがあるなら一つくらいはやっていた。

この人は、自分の潜在的能力を花咲かせるところまで、心理的に成長していなかった。

その社会的年齢にふさわしい心理的年齢になったことは一度もなかったのだろう。

この人にとってやりたいことは、みな人に見せるためのものだった。

格好をつけるものばかり。

チヤホヤしてもらうものばかり。

この人にとって「やりたいこと」と言ったときに、すでに自分がしたいことではなかった。自分の願望について意識と無意識の乖離があった。

小さい頃から高齢になるまで自己疎外されて生きてきて、いきなり「やりたいこと」と言っても、それを見つけるのは無理。

その時にはもうやりたいことはわからない。

この人にとって、そもそも「50歳からどう生きるか？」という問いが間違っている。

常に社会的年齢と心理的年齢は乖離していた。

「50歳からどう生きるか？」というより「社会的年齢としての50歳までどう生きてきたか？」である。

未熟な心理で業績に拘り続ける

ある大学教授が、自分は学問の世界では失敗者であると心の底で感じている。そこで「学問の世界なんてくだらない」と防衛的価値観にしがみついた。業績なしの自分の価値を守ろうとして、「自分には学問の業績価値などなし」という考えを心から追い払おうとする。

そして親の遺産で御殿を建てる。ところが悩みは深刻化するばかりで、いよいよどっちつかずの人生になってしまった。

ジョージ・ウエインバーグは、行動はその思考に付随する印象全体も存続させると言う。その通りである。

御殿を建てたことで、学問の業績は重要で、自分は業績がないという失望感を強化した。

自分は人生の失敗者という絶望感を心の底ではより強く感じるようになった。

心理的な成熟に失敗すると、いつまでも業績に拘る。それは自分についても業績で評価するのであるが、他人についても同じである。

情緒的成熟、心理的成長に失敗した人は、つき合う人を選ぶときでさえも、相手が業績のある人かどうかを見る。

他者の評価がいつになっても業績本位である。

例えば人としての優しさは価値基準として出てこない。

80歳を過ぎても「あの人は頭がいいのかな、悪いのかな」という価値基準で人を見ている老人もいる。

その態度が、自分の人生への失望、自分への失望を意識することを妨げる。しかし無意識では、失望は深刻化する。

「自分が何をしなければならないか、これだけがわたしにとって重要である。[註8]」

この重要なことをしないので、いよいよ道に迷う。
誰も好きではないが、色々な人と関わっている。
要するに、自分の現在の心理的課題が理解できていない。

劣等感がしがみつくものを生む

強迫的名声追求者は、努力はする。

ステイタス・シーカー（Status seeker／地位追求者）と言われる人たちは「自分は有能ではない」という感じ方を避けようとする。

もちろん「自分は有能ではない」という感じ方は、無意識での感じ方である。

見たくない真実を見ないためにすることは、どんなことでも強迫的な行動になる。

自分への絶望感を避けるためにワーカホリックになる。悪口依存症になる。

悪口を言っていれば、自分への絶望感をブロック出来る。

しかし悪口を言うたびに、自分への絶望感は深刻化する。

あるいは仕事での勝負を避けて家族にしがみつく。

家族の愛が最高という防衛的価値観にしがみつく。しがみつけばしがみつくほど仕事が出来ない劣等感が深刻化していく。

皆から軽く見られる、それを避けるために「愛の人」としての家族を過剰に重要視する。

周囲の人から見ると変わり者にしかすぎない。

仕事も大切だし、家族も大切、それだけのことを認められない。息詰まる家族のなかで、子どもはうつ病になるかもしれない。

ますます追い詰められる。

この人は、人との心のふれあいを体験しないで生きてきて、人間の価値を業績本位でしか判断することが出来ない人になったのである。

老化に失敗すると「現存在は孤独、あきらめ、不信、強情、鈍麻のうちに、人や持ちものなどいっさいの旧きものにしがみついて離れようとしない執着のうちに、頑固さのうちに停滞してしまう。(註9)」とテレンバッハは紹介する。

この孤独というのは心理的なものである。

子どもや孫に囲まれながらも孤独な老人はいる。

表面的には恵まれた生活をしながらも「不満で、不満で」顔が歪んでしまっている老人もいる。

逆に心理的な成長に成功した人は、はたから見ればそれほど恵まれていなくても満足して生きている。そんな老人もいる。

前者のような高齢者が、ある時に、いきなり後者のような高齢者になろうとしてもなれない。

まず小さい頃からの心理的課題を解決することを考えるところから始めなければならない。

今と昔のギャップを埋めようとする

周囲は「あんなに恵まれているのに、何が不満なの？」と言うが、恵まれているのはその時点の外側だけである。

小さい頃からの心の世界では何も満たされていない。

その人の心が求めているのは今の外側の恵まれた環境ではない。

心が必要としているのは、仲間とのふれあいと外側の世界への関心である。

人はその人の心の歴史を読まないでその人を評価する。

満足させなければならないのは、昔の心の世界の欲求である。

しかし心理的に病んでいる人は今の外側と、昔の心の世界のギャップを埋めようとして強迫的に名声を追求する。

そして、昔の心の世界でも今の現実の世界でも挫折する。

心理的に健康な人とは、長い人生のそれぞれの段階で自己を変革し、それぞれの段階での新しい生の形式を実現できている人である。

思春期になって人格の再構成に失敗すれば、思春期に躓《つまず》く。

少年少女の発想で生きれば青春は生きられない。それ以後も同じである。

つまり青春の発想で生きれば中高年は生きられない。

同じように若い頃の発想で生きれば、高齢期はおろか中年期も生きられない。

「50歳からどう生きるか？」という発想そのものがおかしい。

社会的、肉体的に50歳でも心理的に5歳の人は、生まれてからの自分の人生の課題を一つひとつ解決する生き方以外には考えられない。

問題は、「自分は今、心理的に何歳か？」ということである。

「自己喪失の歴史」を振り返ったか？

やりたいことがないのは、まず「自分にとって」適切な目的がないということである。

自分の能力にふさわしい適切な目的がないということは、自分がわかっていないということである。

深刻な劣等感があるということである。

無意識に深刻な劣等感があることは、意識の領域には、自分にふさわしくない壮大な自己イメージがあるということである。

まず「自分はなぜそんな壮大な自己イメージを持つのだろうか？」ということを考えることである。

重要なのは自分の防衛的価値観に気がつくことと、自分の無意識に気がつくことである。

やりたいことがないのは、無意識に深刻な劣等感があり、意識の領域で、自我価値の崩壊に対する防衛が強いということである。

自己疎外された人は、過去の人との付き合いで言ったことも、やったことも忘れていることが多い。

心のふれあいのない体験が続いているから、実際にしたことを皆忘れている。この人は「やりたいことの一つでもやっていたら、人生変わっていただろう」と言うが、やろうとしていたことの一つもしなかったのである。

忘れているのは、自分が自己疎外された人と同じであるということである。今までの自らの「自己喪失の歴史」を反省するのが先である。

「50歳からどう生きるか？」と考える人は、それまで自分の人生を生きてこなかった。

「50歳までの自己喪失の歴史」を反省するのが先である。

具体的に言えば、自らの無意識の歴史を学ぶことである。

「なぜ自分はやりたいことをしなかったのか？」を考えていくと、自分を知ることにつながっていく。

そもそも「自分とは何者か？」という発見がないのに、自分の人生を変えるような「これをやりたい」ということを見つけることは出来るはずがない。

アメリカ大陸を発見する前に、大陸の金鉱を発見しようとしているようなものである。

うさぎが野原でなく、海辺にいたら「やりたいこと」はない。

5歳か、50歳か、90歳かは関係ない。

「生きていく者があえて自分であろうとする時、奇跡は起こるのです。[註10]」

「これこそ私の運命」と受け入れる

今の逆境は昨日の出来事ではない。それは過去のツケの内容かもしれない。

肉体的な病気ばかりでなく、心の病も早期発見早期治療が原則である。

しかし50歳になるまで、生き方の姿勢が非生産的だと、50歳の時には心の底には根雪のように積もった否定的感情がある。

定年が見える時期になってきたので、「趣味の世界を」と言われても、そう簡単にポストで自分を守る心の姿勢を捨てるわけにはいかない。

50歳になってこれからは会社とともに地域社会に目を向けようと思っても、地域の人との良い人間関係は作れない。

地域の人は、ポストで自分を守る心の姿勢に反応する。

心がふれあうことはない。

何よりも人は相手の無意識に反応する。

「地域社会に目を向けよう」と思うのは結構であるが、その前に「地域社会に目を向けよう」としている「この私」はどういう人間なのかを考えてみることである。

若い頃から無意識の劣等感が強くて、それに支配されて非現実的なほど高い期待をもつ。

50歳になっても非現実的なほど社会的に偉くなろうとする。

今の自分にはあり得ないような扱いを望む。

社会的に偉い扱いを求める。

そんな50歳で「50歳からどう生きるか？」と言われても、どんな生き方もできない。

もし今50歳で「50歳からどう生きるか？」と考えるなら、50歳までに無意識に隠された怒りを意識化することが第一である。

自分の心の中の意識と無意識の乖離をなくすことが何よりも先決である。

例えば自分に失望している自分に気づく。

先入観を解消することが条件である。

自分が恥ずかしがり屋の人なら、恥ずかしがり屋の人であることを意識化して、自分の心の底の敵意に気がつくことから始める以外にはない。

美しき老年は、あれもこれも含めて全て受け入れるから情緒的に成熟する。

現実から逃げない人が美しき老年である。

小さい頃から、どれくらい自分が「現実から逃げて生きてきたか」を、考えることである。

たとえ虐待された事も含めて、それもこれも「これが私の人生、私の運命」と受け入れる。

もちろんそう簡単に受け入れられるものではない。

第3章

いつでも孤独を感じる

——嫉妬心

「人のために頑張った」という疑似成長

小さい頃から、自分は頑張ってきたつもりでいる人がいる。

事実頑張ってきた。

社会的に立派な人にもなれた。

しかし悩みは尽きない。

社会的に立派な人でも嫉《ねた》み深い性格の人は多い。

嫉んでいる人も不幸であるし、嫉まれている人も不幸である。

ではどうして、その不幸な性格である「嫉み深い性格」が出来上がるのであろうか。

一つには甘えの欲求が満たされることなく成長することを余儀なくされたからであろう。

甘えることが許されない環境で成長した。しかし社会的には立派な社会人を演じている。

つまりマズローの言う疑似成長である。

疑似成長とは、社会的・表面的には成長しているように見えるが、心理的には成長が完全にストップしている状態である。

うつ病になる人は内面の問題を解決できなくて、心の問題を社会的なポストで解決しようとするが、最後には解決できなくてうつ病になる。

内面の悩みを解決できる能力がないままに、心理的未解決を抱えたままに社会的に有名になってしまった人も多い。

例えばテレビの司会者である。司会を辞めてからうつ病になった。

司会者の時には華やかなライトを浴びている。心身共に健康に見える。

しかし実はテレビは麻薬と同じである。

心理的未解決な課題を解決していないままで疑似成長している人がいる。

そうした執着性格者であるビジネスパーソン等は、何も華やかなライトを浴びているわけではないが、どうしても嫉み深い性格になる。

見返りのなさを恨むのは、「自分の世界」がないから

また、高齢化社会になった今、歳をとってから孤独になって周囲の人を恨んでいる人が沢山いる。

そのような人のなかに「自分は人のために尽くして生きてきた」と信じている人が多い。

「俺は自分勝手に生きてきた」と思っている人は孤独になっても人を恨まないだろう。

「自分勝手に生きてきた」のだから、別に周囲の人々の態度が冷たくてもそれに不満はない。

しかし「人のために生きてきた」と思い込んでいる人なら、周囲の人が冷たか

ったら恨む。

あるいは歳を取って気がついたら誰も自分の周囲には人がいなかったという場合は、今まで周囲にいた人を恨むに違いない。

「あんなに子供のために働いて生きてきたのに」と成長した子供の態度を嘆いている母親が今の日本には何と多いことか。

あるいは退職して「部下のために頑張ってきたのに、冷たい」と昔の部下の態度を恨んでいる年よりの何と多いことか。

それらの人たちも実は自分の世界があれば、嘆き悲しんだり、人を恨んだりすることはなかったのである。

もし質の悪い人にしか出会えなかったとしても「この人たちは自分が今こうして助けていても自分が歳を取ったときには自分を助けることは出来ない」とわかるからである。

「自分の世界」を持てば良かったのである。そうしたら自分を取り巻く人間関係は変わっていた。

「自分の世界」を持って生きれば、人に対する恨みはずっと少なくなる。

自分も「自分の世界」で生きてきたのだから人を許せる。

実は「あんなに子供のために働いて生きてきたのに」と成長した子供の態度を嘆いている母親は「自分の世界」を持てない親だったのである。それが母親自身にはわかっていない。

自分の世界を持てないような女だから、子供がそのように親不孝に育ってしまったという場合もある。

また自分の世界を持てないようなビジネスパーソンだから部下がそうなってしまったのである。

「自分の世界」を持って生きていれば集まってくる部下の質も違ったであろうし、また部下自身もその上司にふさわしい部下に変わっていったのである。

甘えを抑えて、立派になるしかなかった

歳を取るとこの性格は敬遠される。

周囲の人はつきあっても表面的にしかつきあわない。

ますます孤独になる。

まず彼らは小さい頃から甘えの欲求が満たされていない。そこでそれを満たそうとする。

社会的に大人になって甘えの欲求を満たすとは、皆にチヤホヤされることである。皆に「凄い、凄い」と認められることである。

大人になって甘えの欲求を満たそうとすれば、小さい頃のようにはいかない。社会的に立派な人を演じなければならない。

だから執着性格者は現役時代には会社で頑張った。

子どものように直接甘えの欲求を表現すれば周囲の人から嫌われる。

そこで甘えの欲求を抑圧して、立派に働かざるを得ない。

そうなると自分の願望をはっきりと表現出来ないで、いつも不本意ながら他人に譲る。

無理をして譲るのは、譲れば好意が得られると錯覚するからである。従って攻撃性等も抑圧され、それがいつしか心の中で敵意等に変化する。

元々現役時代の仕事熱心さも、真面目さも皆他人の好意を求めてそうしているだけである。

そのように振る舞っていれば人々から認めてもらえるという期待から、そのように振る舞っているだけである。

人の嫌がることなどを進んで引受けるのは、それによって人々の好意を得ようとしているからである。

つまり執着性格という表面上立派にみえる性格は、甘えの代償的満足を求めて出来上がった性格である。

周囲の人の好意が甘えの欲求を代償的に満たしてくれる。

そのことを彼らは期待している。

母親に甘えている小さな子を考えればわかる。母親を独占しようとするし、母親が他人に関心を移せば怒る。

大人になっても甘えの欲求が満たされていないときは同じである。しかし小さい子どものように直接的に表現できない。

従ってどうしても嫉み深くなる。

しかし多くの場合、執着性格者の嫉みは抑圧される。

なぜなら嫉みは人々が嫌う性格だからである。

「抑圧は拡大される」というウエインバーグの主張どおり、彼らはつぎつぎに本来の感情を抑圧していく。

その結果感情鈍麻が起きる。五感の発達が阻害される。何を経験しても感動しなくなる。

いずれにしても執着性格者は真面目であるが嫉み深い。他人の成功や人気が面白くない。自分が人々にもてはやされたいのである。

でも、なかなかもてはやされない。不愉快である。

しかしその不愉快さは、自らの嫉みが原因であると自覚されることはほとんどない。

嫉みの感情もまた抑圧される。

「本気で生きること」の本質を捉えられていない

「私はこれをしたい」というもの。それがないと人間関係のトラブルなど人生の諸問題を解決出来ない。

50歳に象徴される多難な人生を乗り切るためには、自己の内なる力が必要である。

しかし青年期にはまだ自己の内なる力が十分ではない。

自己の内なる力が、アイデンティティーの確立であり、興味の覚醒である。

「自分とは何か？」がわかってくることである。

それが青年期の心理的課題の解決であり、困難の克服である。

成功した青年期の終わりには、ほぼ自分がわかっている。

なぜ山に登るのか？
そこに山があるからだ。
なぜ生きるのか？
生まれてきたからだ。

そして自己の内なる力とは、「本気で生きるとはどういうことか」を体得できていることである。

それを理解して壮年期に入る。
そこで様々な人生の困難に遭遇し、苦しむ。
責任感の重さに苦しむ。
成功した壮年期では生産的構えになり、その困難を乗り越えられる。
自己の内なる力を持っている人は、いざというときに本気になれる人である。

壮年期から高齢期、本当に好きなものを見つけようとする。

見つけられない人は、壮年期までの課題を解決しないで、逃げてきたからである。

心理的未解決な問題が心の底にたまったままで、次の時代の好きなものを見つけようとしても無理である。

見つけられれば実存的欲求不満にならない。

見つけられない人は、愛や正義の仮面のもとに人に絡む。

そして嫉妬、嫉みが中心になる。

定年退職者が近所のもめ事に首を突っ込む。

社会的、肉体的には高齢であるが、定年退職者でも心理的には受け身的対象愛という「甘え」をのこしている。

そこでさらに躓いて、その生き方に失敗して、高齢期に頑固で孤独になる。

そうなるとさらに深刻に悩まないではいられない。

例えば「孫のことが心配でたまらない」と言う。本当は自分が孫に会いたいだけ。自分が寂しいだけ。

「あなたさえ幸せになってくれれば私はどうだっていいの」という合理化をする。

よく「私はいいんですけど」と言う人がいる。

それなら言う必要はない。

人に「偉い」と言われる人生を歩んでしまった

嫉妬深い人がいる。受け身的攻撃性の強い人である。つまり自分には隠された敵意が解決出来ていないことがわかっていない。

恥ずかしがり屋の人も、自分の心の底の敵意に気がついていない。

いかに心理的未解決を経験するか？

コミュニケーション能力がない。同僚とも上司ともコミュニケーションできない。自分の気持ちをわかってくれない不満がある。

心理的に未解決な問題を抱えている人は、自分が自分をどう感じるかは問題ではない。

人から幸せと思われれば良い。自分が自分をどう思うかではない。

自分のための人生ではなく、人に見せるための人生である。ここで自己疎外されているのに、そのことに気がついていない。

人から「偉い、凄い」と思われることで、自分を経験する。

ここでハイパー・センシティブ（hypersensitive）になる。過剰敏感性である。最近の流行りの言葉で言えば、「繊細さん」である。

繊細さんとは、心に心理的に未解決な問題を抱えた人という意味である。

こうして心理的未解決をたくさん抱えている人は、心の足跡がない。

アイデンティティーが未確立で自分が自分でないのに、それに気がつかないのだが、何か気持ちが落ち着かない。

大事なものをなくしている気がするのだが、何をなくしているかがわからない。外国でパスポートをなくした。そんな夢を見る。家に帰る道がわからない夢を見る。どうしても目的地につけない。

人と生で向き合えない。人といると居心地が悪い。

普通の人は、「私は何者であるか？」と、無意識で考えていない。

「Who am I?」と、無意識で考えているのは、過剰敏感性の人である。

ある読者から次のような手紙をもらった。

「私は子供の頃から、母と買い物をすることが嫌いだった。自分の洋服など決める時、私が気に入ったものを母が気に入ったことがなかった。

しかし、母親が選ぶといってもなかなか決まらない。『あれにしようか、これにしようか』と母親は迷った挙句の果てに、『あんたの服でしょ。自分で決めなさい』と決まって言う。

そう言われたからといって、私が決めたのでは、気にいらないのだ。だから黙っていると『まったく、この子は』となる。

私はいったいどうしたらいいのかわからなくなる。

しかしあーだこーだと言った挙句に結局最後はすべて『私のために』母が選ぶ。」

この人は母親のペースに巻き込まれて混乱し、黙る以外になくなるのである。

この母親はこの娘の個性は認めていないが、自分では良い母親だと思っているだろう。そして娘が心理的に混乱したから黙ってしまっていることに、母親は気がつかない。

だから自分が娘を黙らせておいて今度は「まったく、この子は」とイライラするのである。

このように服さえも決められない母親に子供は不安と不満を持つ。

自分を持つとはどういうことであろうか。

先ず自分の意見を言えることである。

「これは駄目です」と言える親に子供は安心する。

しかし、自分のない親が、自分の世界を活き活きさせるのには、子供の心を傷つけるのが一番手っ取り早い方法なのである。

そして子供は現実の自分を憎み、ノイローゼへと傾斜していく。

自分が白鳥なのにアヒルであろうとした10年の努力が、その人をノイローゼにしていくのである。

無理してリンゴをミカンにしようとした10年の努力が、その人を嫌な性格にしていくのである。

自分のための人生へ舵を切る

執着性格者が周囲の人の好意や承認を求めるのはわかるが、求めているものを手に入れる方法を間違っていた。

定年が視野に入った時期から、生き方の舵《かじ》を切ることである。

それは口で言うのはやさしいが、実際にはかなり難しい。

でも出来ないことではない。

執着性格者は心の底は孤独で、淋しい。

もともとは、無意識の領域では他人と一緒に何かを楽しむということに喜びを感じることも出来る人たちである。

この二つの傾向は矛盾している。

しかし自分がそのように変わっていけば、自分の周囲に集まる人も、次第に変わってくる。

今までとは違って質の良い人たちが集まってくる。

そしてさらに人の成功を喜べるようになれば、難しいことではあるが、定年後は幸せになれる。

同僚の教授の講義が学生に人気があることを喜ぶ教授がいる。そういう教授が定年後に幸せになる人である。

人とコミュニケーションすることが、本当の意味で承認を得る方法であることに気がつくことである。

本当の意味とは、生きていく上で心の支えになるという意味である。

人は自分のために働いている。

自分は相手のために働いていると思うから、相手に対して要求が出て不満が出るのである。

「あなたのために」は先ず嘘である。

恋愛関係であろうと親子関係であろうと仕事の上司と部下との関係であろうと、この感情があると関係はこじれる。

自分が嫌われたくないからというのが大抵の場合は真実である。

本当に「あなたのために」している人は、「あなたのために」とは言わない。

自分を持っていない人は、無理をして相手に尽くす。

そして感謝を要求する。

「あなたのためにしてあげた」という感情こそ、人間関係を悪くする最大の要素である。

アメリカのお店によく色々な詩を書いた綺麗な紙が売られていた。その一つに「as I grow」という題のついた大きな紙があった。

その中に次のような一節があった。

「どうか、自分を持ってください。そしてあなた自身の幸せを築いてください。そうしたら私に同じことを教えてくれます。そして私は同じように幸せになり、立派で、心豊かな人生を送れるでしょう。」

自分のために働いていると思えば、相手からとんでもないことをされた時でも「これも甘受《かんじゅ》しよう」という気になる。

第2部

心理的成熟で「自分の人生」を生きる

苦しみの原因を間違えたら、死ぬまで無意味に悩み苦しむ。
しかし、悩みや苦しみを正しく理解することで、人は成長する。

第4章

エディプス・コンプレックスと自明性

人類普遍のエディプス・コンプレックス

「エディプス・コンプレックスの克服は、人類普遍の課題である」とは、フロイトの言葉である。

それは父親からの自立である。

情緒的未成熟な父親からの自立は息子にとって、極めて困難である。

息子の成長は、情緒的未成熟な父親にとって心理的に脅威である。

その結果子どもは去勢恐怖を持つ。

ある高校の先生の話である。

息子を絶えず侮辱する。「俺のクラスには、お前より背が高い生徒がいる」というようなことをいつも言う。

父親は「自分の価値が脅かされるのを防ぐため」の「不安回避の方法」として息子を侮辱する。それによって子どもは去勢恐怖感を持つ。

この子どもが肉体的、社会的に成長して50歳になった。

職業は医者になったとする。

しかし心理的にはまだ3歳である。

こういう医者は患者を侮辱することで、心を癒すことになる。

エディプス・コンプレックスの克服は、父親からの自立であり、ナルシシズムの克服であり、自分が特別に扱われることを期待しないことであり、それらを要求しないことである。

神経症的要求を放棄し、内面の壮大な自我に固執しないことである。

しかし人類普遍の課題の解決に失敗し、これが「大人の引きこもり」まで尾をひく人もいる。

こうしたパーソナリティーが成長を止めることを合理化するのが、不安の消極的解決である。

「この父にたいする両価的な態度と母を単なる愛情の対象として得ようとする努力が、男児のもつ単純で積極的なエディプス・コンプレックスの内容になるのである。（註11）」

「エディプス・コンプレックスといわれるものは、本来、一般的に人類に存在する。（註12）」

「甘え」を生むエレクトラ・コンプレックス

エディプス・コンプレックスに対して母親からの自立としてエレクトラ・コンプレックスというのがある。これもギリシャ神話である。

エレクトラは父親を殺した母親に対して、オレステスとともに父親の墓前で太陽神アポロンに復讐を誓う。

しかし偽りの愛で母親はオレステスを惑わす。オレステスを抱擁《ほうよう》する。

そこでオレステスは「自分には抵抗できない。力が抜けてしまった」と言って刀を落とす。

オレステスの「庇護されたい」「退行したい」「受動的でありたい」「鈍感でありたい」という誘惑が、子宮に回帰したいという傾向によって象徴されている。

「個人としての成熟、自由がこの諸傾向の反対であるということを言おうとしているのかもしれない。（註13）」

エディプス・コンプレックスの解決同様、エレクトラ・コンプレックスの解決も、人生の重大事である。

この解決に失敗して、多くの人の人生は行き詰まる。

日本の文化というと必ず出てくる「甘え」もまた、エレクトラ・コンプレックスの挫折を表している。

フロムは、男尊女卑は、男性の母親からの心理的離乳の挫折という。私も同じに考えている。

大切なことは、自分が母親からの心理的離乳に挫折していることに気がつくことである。

父親からにしろ母親からにしろ、親からの自立は人生最初にして最大の試練である。

エレクトラ・コンプレックスの解決ができないからドメスティック・バイオレンスを始め様々な夫婦の不和のトラブルが起きる。

今の日本は、幼児虐待から会社でのパワー・ハラスメント、若者の自殺まで心の病は後を絶たない。

自立する心理的準備ができていない若者に自立を促すことは逆効果を招きかねないにもかかわらず、現在では心理的年齢ではなく社会的年齢にふさわしい自立を求めている。

ところが要求がその人の心理的年齢にふさわしくない。

準備とは感情や意志の働きを方向づけることである。

前に進むためには後退を認めなければならないが、現実の肉体的年齢と社会的年齢は後退できないがために、心理的年齢とのギャップはいよいよ大きくなる。

その限界を超えたのが引きこもり、ニート、不登校などである。

エリート・コースを上り詰め、事務次官にまで到達しながら息子を殺してしまった事件が起きた。もちろん彼を批判する資格など誰にもない。それほど人生は難しい。

エリート・コースを突っ走ることで人生の問題が解決できるほど人生が生きやすいなら、誰も自殺まで追い詰められない。

パーソナリティーは順番を追って成長する。

人生をスタート出来ていないのに、50歳からの生き方などということを真顔で言う人たちがいる。

そうした多くの本は、「どうしたら50歳になれるか」が正しいタイトルであろう。

幻想の幸せを捨て、未消化の課題に向き合う

50歳からの生き方を考えて、意味ある高齢期を望むならどうするか？

まず過去の心のツケを払うしかない。

50歳までの心の借金を背負って、生産的な生き方の50歳以降を考えるのは無理である。

人は、いきなり生産的な生き方をしようとしても出来るものではない。

小さい頃から、その時その時の人生の課題を一つずつ解決して、一歩ずつ心理的成長をしていくのである。

その人生最初の課題がエディプス・コンプレックスであり、それを解決しなければ、「こうしたら幸せになれる」と頭でわかっていても、それを実行出来ない

ことがほとんどである。

それと反対の要求が、その人の無意識にあるからである。

逆に「こうしたら不幸せになる」とわかっていても、それを実行しないではいられないことがある。

それをしてしまうのは、「それをしろ」という要求がその人の無意識にあるからである。

充実した高齢期を望むなら、定年の歳からでも生産的心構えを身につけることである。

要するに40歳代であろうと、60歳代であろうと、今生きることで無理している人は、今までに解決すべき課題を解決しないままに生きてきてしまったということを自覚することである。

その年齢にふさわしい自我の未確立を自覚することである。

ストレスと現代病との関係の研究者であり、アメリカ心臓学会理事で国際ストレス基金理事長のロバート・エリオット博士は、心臓発作による急死や心身症の主原因として「見えないワナ」症候群や、根深い悩みをあげている。

「つまり、急速に変化する世の中にうまく適応できない人々が不安や心配、フラストレーションによって心臓発作を起こすケースが多いということだ。[註14]」

「見えないワナ」症候群におちいっている人は、消費社会にどっぷりと漬かっている人たちである。

消費社会とは、魔法の杖を売りまくっている企業が多い社会である。

それを持っても幸せなどにはなれないのに、幻想の幸せの「見えないワナ」にかかって、多くの人は人生が行き詰まる。

すると、自分の存在を自分で確認できない。

だから無理をして頑張って、依存の対象に認めてもらおうとする。

他人に認められても幸せにはなれないのに、幸せになれると錯覚して必死になって認められようとしている。

まさに「見えないワナ」症候群におちいっている人たちである。

「成長と自由」は苦しみの先にある

よく言われるように、コップの中に半分水が入っているときに「まだ半分ある」と思う人と、「もう半分しかない」と思う人がいる。

そう考えれば、幸せになるのは簡単であるが、現実には、どんなに「まだ半分ある」と思おうとしても、「もう半分しかない」としか思えない。

「これがあったらな〜」と言うが、「これ」があったら次にはすぐに「あれがあったらな〜」と言う。

具体的に何かが不満なのではなく、不満という存在が生きているだけである。

それは、それまで自分の人生の課題を解決しないで生きてきているからである。

うつ病の問題をここで詳説するスペースはないが、うつ病の感情的特徴の一つに「満足の減少」がある。何をしても満足出来ない。

うつ病の人に「今のあなたにはこんなに良いことがある」と言っても意味がない。

どんなに良いことが沢山あっても「私には何もない」と言うし、そう思っている。

何もないからうつ病になるのではなく、うつ病になったから「私には何もない」と感じるのである。

事実としてコップに半分水がないかあるかが問題ではなく、欲張りなパーソナリティーであるか、欲張りなパーソナリティーでないかが幸せにとって重要な問題である。

それをさらに突き詰めていくと、欲張りなパーソナリティーというのは、愛情飢餓感が強いということであろう。心の底に怒りをため込んでいる。

この欲張りなパーソナリティーに気がつくことから大人としての成長が始まる。

小さい頃からの不可避的な課題から逃げて生きてくれば、社会的、肉体的には大人に成長しても、心理的には幼児である。

よく言われる「大人になった幼児」である。肉体的に何歳になっても一人前の社会人になっていない。

エディプス・コンプレックスを克服できたから、大人になれたというのではない。

成長のための1段階を越えたということである。

青年期の課題を解決することは、多くの人にとって血を流しながら川を渡ることである。

それがあまりにも厳しいから川を渡ろうとしない人がいる。

だからこそ人々は、ドメスティック・バイオレンス、虐待、アルコール依存症、夫婦の不和、いじめ、不登校、引きこもり、モラル・ハラスメント、パワー・ハラスメント、うつ病、不眠症、偏頭痛、自殺などの心の病に苦しみながら、逆に所得は増加して消費社会は栄えていくのである。

人は生まれた瞬間から、二つの傾向をもつ。

「冒険を求めようとする傾向と確実性を求めようとする傾向、負担を背中に独立を求める傾向、と保護や依存を求める傾向との二つの板挟みになっている。(註15)」

この板挟みの解決ができていないことが、心理的に未解決な問題があるということである。

また、十九世紀の哲学者キェルケゴールは次のように述べている。

全ての経験において人は前に進むことを欲している。

しかし同時に進まないこと、可能性を実現しないことも欲している。

健康な状態と神経症的な状態を次のように区別している。

健康な人は葛藤があるにも拘わらず前に進み、自由を実現する。

健康でない人は自由を犠牲にして閉じ込められた状態へ縮こまっていく。(註16)

人間が生きるということは、「成長と自由」か、それとも「退行と束縛」かの葛藤である。

「成長と自由」にも苦しみは伴うし、「退行と束縛」にも苦しみは伴う。

生まれてきた以上、苦しみや悲しみは避けられない。

成長動機をもつことで絶対評価で生きられる

成長動機で動いている人は、他人に頼ることがないので、両価的にならないし、不安な敵意も少ない。

「自立、あるいは環境からの相対的独立は、悪運、厳しい衝撃、悲劇、ストレス、損失といった外的な逆境から、比較的影響を受けることが少ないということを示している。（註17）」

外部からの刺激によって反応が起きるが、比較的自由。それは交流を欠くというのではない。（註18）

成長動機で生きるのが望ましいと言っても、すぐに成長動機で生きられるようになるわけではない。

繰り返し書いてきたように、生きるのには順序がある。

まずエディプス・コンプレックスの克服からである。

少年少女期の課題を解決し、青年期の課題に取り組む中で、成長動機から生産的に生きる機会を見つけ出せる。

自分の固有の能力を発揮する機会を見つけ出せる。

今日1日、成長動機で動いてみる。

すると新しい世界を発見する。

成長動機で動いている人は相手を道具としてではなく、独立した一個の人間としてみる。(註19)

相手を道具ではなく全体的な人間としてとらえれば、そこに畏敬の念が湧いたり、親しみを感じたりということが出てくる。

出会う人が、壮年期と違った人になっている。

それはまさに新しい世界に接し始めたことである。

「この自分という存在は素晴らしい」ことを心の中にハッキリ根づかせる。

それは青年期が成功しつつ、終わり始めたのである。

例えば暑い夏の日に、トラックの上と路上で、荷造りのための仕事で、二人が縄を投げ合っている。仕事は辛いが心の満足はある。

うつ病になるような人は、このようなかかわりが出来ない。かかわり方がわからない。

励まされていると、普通の人はこのときに「心の杖を貸してくれているんだな」と思える。

しかしうつ病になるような人は、杖さえも鞭に見える。

もちろんここでいう「杖」とは「心の杖」である。

成長動機を持って生きているか、退行動機を持って生きているかで同じ物事は違って見える。

美しい白鳥はアヒルの世界では認められない。

将来伸びる子は、絶対評価で褒めてもらえた子である。

相対評価で煽てられた子は、先に行くと伸びない。

青年期に、相対評価で褒められて、気持ち良くなっても、高齢者の年齢になればすぐに元気がなくなる。

絶対評価で褒めてあげた子はだんだんと時間をかけて自信を持ってくる。

絶対評価で自信を持った高齢者はだんだんと時間をかけて自信を持ってくる。

だから高齢期になったら、相対評価をしない。絶対評価でいく。

自明性は人としての「ふさわしさ」

人生、最初の課題は、エディプス・コンプレックスの克服と同時に、自明性の獲得である。

罪を犯した少年が「何で人を殺してはいけないのですか？」と言って世の中を驚かす。

人を殺してはいけないのは、自明のことである。

人間の尊厳、品位、品格は、洞穴の中の欲求を高次のものに統合しようとする行為である。

人間が生きるために必要なのは、最初は安心感、信頼感、「人を信じること」。

それらが獲得できれば自明性の課題は解決する。

物事にはふさわしさがある。

それが自明性である。

お風呂場では裸になっても客間では裸にならない。靴は靴箱に入れる。冷蔵庫に靴を入れない。

食事中にトイレの話をしない。

結婚式で正式の披露宴と親しい仲間内だけの二次会とでは話題も違う。

笑顔が良いからと葬式で笑っている人がいますか？

オニギリを売っているコンビニで不健全図書を売ること自体がおかしい。せめて包装をするのが社会的適応性。

今ではコンビニがお母さんの役割をしている。

渋谷が居間になった。

自明性が喪失してきた一つの原因である。

自明性の獲得に失敗している人は、幼児期、少年少女期に人と接することの怖さを体験している。

不信の人に育てられ、無意識に安心感の確信のある人に育てられていない。

その結果、神経症者は、人と接するのに、どういう正しい態度があるのかが、理解出来ない。

愛着人物との有効な接触で人格は形成される。

それが出来ない人がいる。

少年期に、心理的に健康な人から世話してもらう、保護してもらう。

そういう人は依存心から自立心へと励まされる。そうして人生の方向性が決まる。

少年期の課題を解決していかれる。

親との関係を維持出来ないと、心理的課題は解決出来ない。小さい頃、人への不信を抱いたまま、成長する。

成長のための重大な心理的課題が未解決になったままになる。

親と「支配と服従の関係」を維持し、その結果コミュニケーション能力の育成はない。その結果仲間にも心を開けなくなる。

仲間とのコミュニケーションの課題を乗り越えなければならない。

主権的人物を中心とする支配と服従、これはうつ病者を生み出す家庭の特徴の一つでもある。

この段階で基本的不安感を持ってしまうか、ウィー・フィーリング（We-feeling／私たちという感情）を持つかは、その後の人生に決定的な影響を持ちかねない。

小さい頃の基本的不安感を解消できないでいると人間嫌いになる。

その結果成長に必要な人との心のふれあいができない。

そして、アイデンティティー未確立という、間違った人生の道筋になりがちである。

ささやかでも満足する心の夕餉

間違った人生の道筋に入ると、安全確保のため劣等感から優越を求める。

その後の人間関係で、成長に必要な仲間意識が出にくい。

フェロー・フィーリング（Fellow feeling／仲間意識）が生じてこない。

これが晩年の不幸にまで関連してくる。周囲の人から「あいつの顔も見たくない」と言われるようになるだろうし、本人も周囲の人を嫌いであろう。

晩年は内的成熟が課題であるが、とてもその課題解決にまで至っていない。生きることが難しくなる。

カレン・ホルナイは神経症的非利己主義という言葉を使っているが、神経症的非利己主義というのは、矛盾を解決しようとする試みの挫折である。

解決しないと、例えば青年期には恋愛に解決を求める。

自分の時間とエネルギーを相手のために割くが、心の充足は得られない。

拗ねて相手の気を引こうとする試みにも結局失敗して、最悪は反社会的になったり、引きこもりに陥ったりする。

人は小さい頃から「保護と安全」を求めている。神経症は極端者に人に迎合したり、逆に極端に拒絶する。

小さい子どもは、例えば夕食の時に、一人天下で成長する。

恵まれない環境で成長する人は、そうした夕餉《ゆうげ》の時が失われていく。

高級料理を食べなくていい。

大根下ろしでサンマを食べて心が癒される。

肉ジャガを食べて心が癒される。

これが心の夕餉。

第5章

アイデンティティー

狭い世界で自分の価値を守っていないか？

青年期の課題であるアイデンティティーは、人とのコミュニケーションを通して、人とのふれあいを通して確立してくる。

同時にアイデンティティーの確立には一人の時間が必要である。

少年期の課題が未解決な場合、両方とも難しい。

このアイデンティティーの確立に向かわない場合は、自分の価値が脅かされるのを防ぐための「不安回避の方法」に走る。

「栄光と孤立」するか、ノイローゼ集団を作る。

神経症的自尊心を守る集団に入る、あるいは孤独になる、最悪は引きこもりになる。

現実からの防衛的退却である。

具体的には狭い世界に自分を閉じこめることで自分の価値を守る。たこつぼ文化と言われる世界に入る。

狭い世界とは、孤独か同じ質の仲間の世界である。

さらに進むと、大きくなってしまった幼児になる。

退却ノイローゼである。社会的に引きこもらなくても、心理的に引きこもる。

この態度が興味の覚醒につながっていかない。

青年期の課題である視野が広がらない。

本来、壮年期は青年期に身につけた行動パターンを新たな世界で活用し、「自分とは何か？」を知る時期であり、機会である。

その時期その時期の課題を解決して成長してくれれば、自分は「他人から何を期待されているか？」を間違えない。

自己中心性を解決しているから。

壮年期は、それを考え身につけて、社会の中での、仲間の中での自分の位置が分かって、自分の力を発揮する時期である。

価値観の修正は最重要課題である。

現実からの防衛的退却で、そこを間違えるのが神経症である。

防衛的退却とは、現実にコミットしないことである。

それは自己限定しないことである。

大人になった幼児は幼児期の万能感を持ち続けたい。

現実には不可能だから、現実の日常生活では引きこもりになる可能性がある。

アイデンティティーを確立した生き方

①「『理想の自我像』実現の中で、完全主義の必要性は最も極端な衝動である。（註20）」

理想の自我像実現ということに気を取られている人は、自己実現にエネルギーがいかない。

心理的成長ができない。

依存心を克服できない。

自分の人生をコントロールする能力がない。

理想の自我像を実現するためという視点に立てば、することは極端に少なくなる。

アイデンティティーを確立すれば、理想の自我像実現という完全主義はない。

現実に即した生産的エネルギーの使い方をする。

現実の自分に目を向ければ、することは沢山ある。

現実の自分の潜在的能力を実現するという視点に立てば、この人生ですることは沢山ある。

②実際の自分がわかった上での生き方が、地に足のついた生き方になる

神経症者は出来ることをしないで、出来ないことをしようとする。

神経症者は大きいことをしようとする。

人の注目を集めて心を癒そうとする。

従って現実的には何もすることがなくなる。

「さあ、やるぞ」と言いながら、現実にはやることがない。

③欠乏動機から成長動機へ

自分の興味がわかっている。

アイデンティティーの確立に支障になるものは何か。

青年期に元気に頑張った人で、壮年期に挫折する人がいる。逆にますますエネルギッシュになり、心理的安定を得る人もいる。

弱さと不幸を受け入れる

青年期に頑張った人で、壮年期に人生が行き詰まる人は、どこが問題だったのか？

頑張ったのも、周囲の人の期待を実現させるため、あるいは親の期待を実現させるためで、自分の内なる願望を実現させるためではない。

欠乏動機で頑張った。受け身の心で頑張った。

その結果、日々ストレスは強かった。

ストレスに堪えて頑張って、エネルギーを消費しているうちに自分は何ものかという関心が薄れてくる。

そのまま自分を見失って、ただ社会的成功を求めて頑張れば燃え尽き症候群になる。不眠症になる、何かの依存症になる、人間関係は崩壊するなどなど色々なことが起きる。もっとも深刻なのは引きこもりである。

青年期の目的は外から与えられたものだったことに気がつかないままに頑張った結果である。

ダン・カイリーの言うように自分は何ものかという関心が薄れることで、自分の意志で自分の人生を選ぶ機会がなくなる。

相手の期待に応えることにばかり気持ちがいって、自分とは何かということに注意がいかない。

また、長いこと反動形成と防衛的価値観で生きてきて、自分で自分がわからなくなっている人がいる。

だから心の内から出てくる適切な目的が持てない。心の中から湧いてくるような「やる気」が出てこない。

アイデンティティーが未確立、つまり「私はこういうものです」という心の支えがない。

社会的に立派な名刺では自信が持てない。社会的な名刺では本当の意味でアイデンティティーにはならない。

人を動かしているものは、所属への願望である。アイデンティティーの未確立な人は、その所属への願望が破壊されている。人との心の繋がりがない。

しかし、弱さと不幸を受け入れさえすれば人は強くなれる。

少年少女期から青年期までの課題は、自分の運命を受け入れることである。その上で壮年期に入る。壮年期の課題は、その受け入れた「自分の運命」を愛することである。

人生最大の課題は、自分の運命を受け入れることである。そして、その現実を受け入れることである。

私は抑制型の人か？　非抑制型の人か？　自分の親はどんな人か？　自分が成

長した人間環境は？

アドラーの言う人生への態度というのは、「自分の人生の課題をいかに解決するか？」ということであろう。

その壮年期の課題を解決して、高齢期に入る。

高齢期の課題は内なる生産性である。それが美しき老年である。

自分の弱さを受け入れるから、自分の本当の長所が見えてくる。不幸を受け入れるから自分の本当の幸せが見えてくる。

どういう価値観で生きてきたかを振り返る

青年期の課題であるアイデンティティーの確立は、自分が今いる以外の世界があること、色々な生き方があることに気がつくことである。

人格の再構成は、アイデンティティーの再構成でもある。

アイデンティティーの未確立な人は、自分のそばに自分とは違った世界があることに気がついていない。

横にいる人がどんな世界で生きているかに気がついていない。

ある受験校での話である。

友人に「どこ受ける？」と聞いて、次のような紙を出した。

「文1？　理科1？」

すると相手は「これどういうこと？」と聞いた。「文１、理科１」はある大学の、ある学部のことであった。

彼は、ガーンと来た。同じ高校で一緒に学んでいても全く違った世界の人がいることに気がつかなかった。


他人が見えることで、自分の位置がわかる。

受験校の弊害は、それがない。偏った一つの価値観が学校全体を支配している。

恐ろしいのは、自分たちと違っていることは価値がないと思い込んでいることである。

この世に価値は一つしかないことになる。偏った価値観が完全に支配している。

成績が良いことが価値、実力テストが終わって廊下に成績が張り出される。それがその人の人生の価値。

負けることは悪いこと、勝つことが価値。

だから勝ち気な人はいつも焦って不幸である。

自分はどういう価値観で成長したか。

劣等感から優越感を求めて頑張る。こんな価値観だけで成長する。ここで人生を間違える。

肉体的、社会的に50歳になって、「5歳からどう生きるか？」と考えるべき。肉体的、社会的に50歳になって、自分が50歳とおもうおことが根本的に間違いである。

それをしないで人生の土台なしに人生をスタートする人がいる。

心の杖なしに、ふわふわ浮いている生き方。他人から影響されやすい。

目的はビッグ・ペイオフ（big payoff／大きな役割）になる。大きな成果が欲しい。賞賛が欲しい。

こうした世界で生きてきてエリート・コースを突っ走ってアメリカの有名大学を出ても、自分の好きなことはわからない。自分の位置がわからない。そしてコースを外れるとどうしてよいかわからない。

他の生き方があることに気がつかない。

自分の将来は決まっている。自分が決めたわけではない。生まれた世界が、そういう価値観であった。

大学も、学部も、学科も、職業も自分の選択がなかった。そういう人が、エリート・コースを突っ走って最後にうつ病になったり、最悪は、些細な失敗で自殺したりする。

「自己コントロールの本質的意味は、〝自分で決意する〟ということなのだ。（註21）」

自分の人生のコースを、主権的人物の期待で決めていて、逆境に強くなることはない。だからエリートは些細な失敗で自殺することがある。

些細なことでも自分で決める

幼児期、少年少女期、青年期などの長い人生を準備する心理的な体験を経ないで、社会的に会社で部長になったからといって、素晴らしい高齢期が待っているわけではない。

高尾山に登ったことがないという人が、いきなりヒマラヤに登れば、遭難する。

事実今の時代には社会的に遭難する人が多い。

その典型が定年離婚であり、定年退職した役員のうつ病であり、ドメスティック・バイオレンス等々である。

今まで、自分が心理的に依存している人に決めてもらう。それに従っているのが楽だった。

しかし同時に喜びの体験も放棄していたのである。

そうして生きてきた人には他人はいない。

ピーターパン人間になる。それは無責任、無関心、ナルシシズム。

パラダイム・シフトができない。自分の見方を変えることができない。

今まで自分が自分を裏切らないと社会的に適応できなかった。

これが正しい、そう思い込んでいた。

それが権威への服従である。

それが辛い生き方でも、その生き方を変えられない。

初めて自分の意思で選択をすることは、どんなに些細なことであっても、興奮に満ちたものになる。

それがマインドフルネス治療である。

ある高齢者施設での話である。入居している高齢者が、お客さんと会うときに、施設内のどこで誰と合うかということを決める。

こんな些細なことでも、「自分で」決める意味は大きい。

過去の分析を始めることがパラダイム・シフト、マインドフルネスの準備である。

「親しい人」を自身の意思で選んでいるか？

人生最大の課題は心の安全性の獲得である。

別の表現をすれば、不安の積極的回避である。

これが心理的に恵まれない環境で成長した子どもには難しい。

人とどう関わるか？

人に対して敵意を持つのは簡単だけれども、人と心が結びつくのは難しい。

基本的な不安は、「自分が依存している人々に対して過度な敵意感情を含んでいる。(註22)」

つまり最大の課題は心理的自立。

人と結びつきながら自立する。

「依存と頼りなさの過度な感情」を持った人ほど他人が重要になりすぎる。

そしてその頼りなさから、他人の一言で心が動揺する。

心が動揺すれば動揺するほど、人にしがみつきたくなる。しがみついた人の言葉でさらに心が動揺する。

どんなに善良な人でも、この悪循環に陥って消耗しやつれていく。別れたいけど離れたくない。

淋しいから、誰でもいいから因縁をつけて、人と関わる。

孫が遊びに来てくれない高齢者である。自分が淋しい、娘に来てもらいたい。

そこで「孫が可哀想だから」と娘夫婦に絡むことを合理化している。

自分の身勝手を「私は苦しい」と言うことで合理化する人もいる。

アイデンティティーが確立していないと「他人が重要になりすぎる」。

カレン・ホルナイはヴァイタル・インポータンス（Vital importance）という

言葉を使っている。

神経症者にとっては他人の好意は生命的重要性を持ってしまう。

まさに他者に不当な重要性を与えてしまう。

他人の反応がもの凄く重要になる。

驚かそうとして何かをする。しかし自分が期待したほど驚かない。すると傷つく。

嬉しいという感情も、傷ついて不愉快になるのも、自分に対する他人の反応が原因である。

期待したように反応してくれれば嬉しいし、期待に反して反応が無い時、無視された時などには傷つく。そして不愉快になる。

人の言葉にいちいちイライラする。

神経症的自尊心が傷つけられる。

「お前なんかに、そんなこと言われる筋合いはない」「お前なんかより、ずっと私の方がわかっているのだ」等々と他人の言葉に苛立つ。

他人が重要になりすぎて、自分が自分でなくなった。

大変難しい話であるが、心理的に順調に成長すれば、ピーターパン症候群にも燃え尽き症候群にも、うつ病にも、様々な心の病にかからないで、その年齢、その年齢をきちんと生きていかれる。

要するに心理的、肉体的、社会的な３つの年齢に深刻なギャップがない。


燃え尽き症候群の著者のフロイデン・バーガーは、燃え尽きを防ぐためには親しい人を作ることだと言う。

50歳になってやっと役員になったところで、あるいは部長になったところで燃え尽き症候群になる人がいる。

そういう人に、「親しい人を作れば良い」と、フロイデン・バーガーは言う。

まさにその通りであろう。

しかし現実にはその通りにはならないことが多い。

親しい人ができる人には、親しい人ができる心の順序がある。

50歳になって部長になったところで燃え尽き症候群になった人は、正常な心理的成長の過程を通ってきてていない。

極端な話、親から自立していないで、社会的に50歳になって部長になっても、心のふれあう人はできていないし、燃え尽きたからといって、努力しても親しい人ができるわけがない。

活発に見えても、それはノイローゼの活動でしかない。不安からの活動に過ぎない。自分自身のエネルギーからの活動ではない。

「好かれている自己イメージ」を再構築する

ある体の不調で悩んでいる男性がいた。

社会的成功が欲しかったけれど望みが叶わないで、「社会的成功なんてくだらない、意味がない、家族こそ価値がある」と言っていた人がいた。

でも本当は家族が嫌いだった。

無意識では、家族は生き甲斐ではなかった。

でも、ある時にそうは思っていなかった自分に気がつく。

それまでは親子関係は悪かったという認識はない。

しかし心の底では親子関係は悪かったと、あることをきっかけに気がついた。

親は惨め依存症で、子どもを操作していた。親はネクロフィラスであった。その弱々しい声に操作されて子どもは30年間生きてきた。

30年の感情的暴力に耐えた。

社会的、肉体的には30歳でも心理的には３歳である。

しかし、よく考えれば「よく耐えた、素晴らしい！」とも考えられる。これがアイデンティティーの再構築のスタートである。


過去からの脱皮には「自分は好かれている」という自己イメージの再確立が必要である。

自分を好きな人がいる。でも、その人が自分のことを好きと気がつかなかった。

逆に自分を嫌いな人を親友と思っていた。

自分の能力の限界の認識、現実否認。過去への囚われ。

それらに気がつくこと。

視点を増やしてマインドフルネスになる。

その結果、心理的不調からの脱出ができる。

とにかくこの男性は、「本来の自分」に気がついていなかった。
そこからの脱出が、アイデンティティーの確立のスタートである。
順序を踏んで成長してきた人は、新しい時代に入ったことを自覚する。
そこに新しい生きる意味を見つけることが出来る。
それが、その時期その時期の基準変更である。

自己の内なる力で他人に振り回されない

なんで人に振り回されてしまうのか？　それはアイデンティティーが確立していないから。

なんでそんな人たちに嫌われるのが怖いのか？　なんでそういう人たちに認められたいのか？　皆アイデンティティーが確立していないから。

安売り依存症も、偽名現象も皆同じ。

自分が何者であるかがわからないままに生きることの恐ろしさである。

ずるい人に弄《もてあそ》ばれる。

努力して、真面目に生きても、アイデンティティーが未確立なら、辛いだけの人生になる。

それは質の悪い人たちに利用されるだけだから。

そして自分を弄ぶ人を、自分は「好き」だと錯覚する。もちろん無意識では嫌いである。

しかし意識では好き。それはアイデンティティーが未確立で、寂しくて友達が欲しいから。そこで「本来の自分」と反対の気持ちにしがみつく。

自分が孤立しているということを意識するのが怖い。そこで孤独感を抑圧する。

孤独感を抑圧しても、その人の心の中では孤独感は消えない。

相手を利用するずるい人は、相手を利用すれば利用するほど、利用するのが当たり前に感じてくる。

利用できなければ、相手に怒りを感じる。

利用される方は、利用されれば利用されるほど、自分はそういう安物だと感じる。

自分は生きる価値がないと感じる。そこで必死になって利用されようとする。

無意識では吐き気がするほど嫌いな人を、意識の上では尊敬し、嫌われることに怯えている。

そういう人の内面は大混乱である。表面的にはどうであれ、そういう人は、内面は手をつけられないほど混乱している。

自律神経失調症などは、その例であろう。

内面のコントロールが利かなくなっている。

社会的、肉体的に成長するに従って、その心の混乱に直面せざるを得ない。

成長する過程で、いずれは乗り越えなければならない困難である。

乗り越えられなければ、人生そのものが行き詰まるだけである。

人生が行き詰まらないためには、自己の内なる力をもつことだ。

自己の内なる力は、固有性であり、アイデンティティーの確立である。

自己疎外とアイデンティティー

自己実現して生きていないとアイデンティティーの確立が出来ない。

どんなに有名大学を卒業して有名企業に就職できても、それだけでアイデンティティーは確立は出来ない。

その大学で自己実現出来ていれば、その大学の卒業がアイデンティティーの要素になる。

しかしその大学に在学中、惰性で大学に通っていた、勉強に興味がなかった、クラブ活動など夢中になる事が何もなかった、親しい友人もいなかった等々となると、その大学の卒業はその人のアイデンティティーにはならない。

もちろん社会的にはその大学の卒業であることは間違いないのだから、社会的なアイデンティティーにはなるかもしれないが、生きる心の支えとなる心理的アイデンティティーにはならない。

たとえ事情があって中退しても、在学中に夢中になるようなことがあれば、その大学に在学したことは心の支えにはなる。

社会的履歴書と心の履歴書とは違う。

社会的履歴書が立派でも、心の支えがない人はいる。心の履歴書がきちんとしていない人である。

自己疎外された人にはアイデンティティーがない。

そういう人はどんなに社会的には立派な履歴でも心理的には不安定である。

悩んでいる人の最大の特徴はアイデンティティーがないことである。

心の支えがない。

社会的に成功しても自律神経失調症になったり、不眠症になったり、偏頭痛で体調不良になったり、うつ病になったりすることは避けられない。

会社で、50歳で部長になっても、青年期のアイデンティティーの確立が出来ていない場合には、毎日消耗して、心は悲鳴を上げている。

アイデンティティーが確立していれば、何とか壮年期の人生は生き抜ける。

現実の苦しみは避けられないとしても、壮年期は最後まで生き抜ける。

「社会的感情なしでは人生の諸問題は解決出来ない」とアドラーは言う。

その通りだと思うが、私はアイデンティティーなしでは人生の諸問題は解決出来ないと思っている。

アイデンティティーが確立出来れば、苦しいことも何とか切り抜けられる。人とも何とか協力できる。

アイデンティティー確立というのは、青年期の課題であることは確かであろうが、青年期だけの問題ではない。

小さい頃からの心理的課題である。

その時その時の心理的課題を解決することが、青年期のアイデンティティーの形成につながる。

その時その時の心の葛藤に直面することが出来れば、それが青年期のアイデンティティーの形成に寄与する。

その時その時の心の葛藤に直面しないで、親や権威に反発して反社会的な行動に走ったり、お酒に逃げてアルコール依存症になれば、アイデンティティーの確立は出来ない。

あるいは合理化したり、現実否認をしたり、責任転嫁をしたり、最後は、本当の感情を抑圧したりという自我防衛に走れば、アイデンティティーは確立出来ない。

人に対しても自分自身に対しても「私はこういう人間です」と胸を張って言えるようになれば、その時点でのアイデンティティーは確立している。

それは心の安らかさということで証明される。

後から考えて「あの時、実は自分はあの人たちを嫌いだった」と気がつけば、アイデンティティー確立のきっかけはつかめている。

「俺には俺の道がある」で生きる

青年期にアイデンティティーを確立すれば、適切な目的に向かって頑張ることができる。どんなに頑張っても燃え尽きない。

青年期にアイデンティティーを確立すれば、その後人と自分を比較しないようになる。つまり自己蔑視しないようになる。

人と自分を比較する人は、

①劣等感
②アイデンティティーの未確立

となる。アイデンティティーの未確立の症状は、自己評価の激しい上下である。

一方、アイデンティティーが確立した考え方の特徴は、

①俺には俺の道がある
②自分の運命を受け入れる
③人と比較しない

となる。

それは「I am not like that」というシーベリーの言葉である。

何か自分を裏切らなければならないことを期待されたときに、「私はそういう人間ではありません」と言えることがアイデンティティーの確立である。

アイデンティティーを確立するとは、「俺には俺の人生がある」ということである。

それは燃え尽きない人である。

燃え尽き症候群は弱点を隠すのが上手いということである。

弱点を隠すと、隠したことでその弱点が、その人にとって心理的に大きな問題になる。この緊張した自分、カテコールアミンの多い私になる。

防衛的価値としてのアイデンティティーは、真のアイデンティティーの確立ではない。

自我価値の崩壊の防衛としての「俺には俺の生き方がある」という主張は、防衛的価値観としてのアイデンティティーの確立であり、心理的課題が解決されていない。

防衛的価値観としてのアイデンティティーの確立は他人が不当に重要である。

防衛的価値観ではあくまでも人を意識している。

人生に向き合う態度いかんで生きる意味が出てくるし、逆に無意味感に苦しむ。

アイデンティティーを確立していない人は、根無し草になる。

根無し草になれば、心の中では現実逃避、外化等々が起きている。

つまり、そうなると心の中で想像したことを現実とみなし、実際の現実を見ようとしない。

現実にケーキを作ってみる。そして「こういう生活が出来る」という自信が出てくる。

日々の課題を解決していくと生きる面白さが出てくる。

解決することで問題解決能力も出てくる。

人生の問題を一つひとつ解決することで、アイデンティティーが出てくる。

幸いにも青年期の課題の克服に成功すれば、悪意なし、迎合なしの人間関係を形成、維持できる。

結果として壮年期には人格の統合性に成功している。

自己執着的対人配慮を止める。

助けたい、助けられたい。そういう相互性的関係の中で人は協力できる。心がふれあう。相互性の理解は不可欠である。

青年期は生産的構えになる過渡期である。そうして中高年期、壮年期を迎える。

非生産的な人から、生産的な人になる準備期間が青年期の課題である。

エネルギーの使い方を自己実現に向けるのが壮年期。

その準備が青年期である。

かつてモラトリアム人間という言葉が流行ったが、いつまでも社会人になることを拒否しているモラトリアム人間とは、現実にコミットしない人である。

共同体感情を持っていない。

しかし、生産的構えの人は青年期から共同体感情を持っている。

自分さえよければよいという考え方にならない。責任転嫁をしない。他人の負担になることを、「得している」と考えない。

要するに共同体感情を持っている。

壮年期の課題に正面から取り組める。

第6章 セルフ・アウェアネス

意識領域の拡大で自己執着を手放す

現実には多くの人は、成長のための理想のコースを通れない。親も人間だから理想の親というわけにはいかない。つまり多くの人は理想の親に育てられない。

少年期の次は青年期である。青年期は生産性への準備期間である。青年期の課題は、具体的にはアイデンティティーの確立であり、興味の覚醒であり、視野の拡大である。

その後には中年期の課題が待っている。

セルフ・アウェアネス（Self-awareness）、自分に気づく。意識領域の拡大である。別の言葉で表現すると、自己執着からの解放である。

「なぜ自分は不安を感じているのか」という原因を見極めることが第一である。

とかく生真面目な人は、自分の弱さを克服するという発想になり、修行に走る。

自分を鍛えるという考え方に走る。

漠然とした不安に苦しめられている人が「修行」という名の下に自分を鍛えようとして座禅を組んでも、性格的に歪むだけになることもありうる。

それは自分を鍛えているのではなく、「実際の自分」に直面することから逃げているのである。


また、外化に気がつくことも重要である。

外化とは心の中で起きていることを現実とみなしてしまうことである。

外化とは現実否認である。

自分の恋人は理想の女性であって欲しいと願う。

自分の夫は理想の夫であるよう願う。

そうすると、現実の恋人を見ないで、理想の女性としてしまう。

外化をして生きている人は、現実の厳しさに耐えられない。現実否認をしながら、現実から目を背けて生きていこうとする。

現実を突きつけられたら苦しくて卒倒するかもしれない。

しかし現実は現実である。

相手は女神でもなければ、白馬の騎士でもない。

イライラの原因は自分が自分に怒っているからと気がつく。子どもを不登校にしてしまう。

実は自分が不安なのだと気がつく。これが自分に気がつくということである。

大切なのは現実の自分を認めて、自分を責めないことである。

こうした内面的要因の発見が、より新しい洞察力をもった魂をつくる。（註23）

「心配とはノイローゼの第一段階なのです。わたしたちは不安を解決しないと、そいつを覆い隠してしまう。そいつがたまると精神的に病気になってしまうんです。（註24）」

自分を知っていれば、トラブルは起きない

幸運にも青年期に愛を得られれば、過酷な過去でも過去からの解放が起きる可能性がある。

過去の破壊的メッセージから解放される。

「あなたは生きる価値がない」という破壊的メッセージから解放される。

本来、自分はどこにいたら良いのかに気づく。

自分が今いる場所は違うということに気がつく。

頑張って生きてきたのに、人生が行き詰まった時に、小さな魚がわざわざサメに食べられるために、サメのいる海に出かけて行くことはない。

身のほどを知らないということに気がついて、感情や人格の再構成ができる。

そこで人生の課題を解決するためには、どのようなことに気がつかなければならないか？

「トラブルがいつも起きていれば、その人は周囲の人が嫌いである。自分が不安で、周囲の人が嫌い。トラブルの原因は、その人の基本的不安である」

これに気がついていれば、トラブルに対処する仕方は違ってくる。

会社でどうしても合わない上司とは距離を置く。その分だけトラブルが少なくなる。

例えば参加するのはオフィシャルな忘年会や新年会だけ。インフォーマルな飲み会は参加しない。プライベートな飲み会をしない。そこでトラブルは少なくなる。

「大人になった幼児」は、会社で嫌いな上司に迎合するから、心の中でトラブルは次々に起きる。

上司に迎合するのは、その人が不安だからである。

そこに気がつかないと、迎合するまいと思っても迎合してしまう。

「大人になった幼児」は、自分は弱い人なのに、他人に対して、自分を強い人に見せる。自分はネズミなのに、相手にライオンと見せている。

自己執着の人は、自分に気がついていないし、相手を見ていない。

とにかく「大人になった幼児」は、自己中心的で、他者がいない。

つまり青年期を過ぎても他者の誕生がない。別の言葉にすれば、社会の中で生きていない。

相手を嫌いという感情より、寂しいという感情の方が強い。

だから、自分の嫌いという感情に気がつかない。

寂しさを満たしてくれる人は、嫌いでも、嫌いという感情を無意識に追いやる。

自分の中の嫌いという感情に気がつかない。

またあの人は「重い」という気持ちを持っている時には、されていることは嬉しいけれども嫌いなことが多い。

二人でいて「重苦しい」という時には、その関係は駄目。心がふれあっていない。

要するにトラブルの多い人は、その社会的年齢にふさわしい心理的成長をしていない。

自分をライオンに見せていても、本当はネズミと知っていれば、相手を観察出来る。

自分をわかっていればいい。

トラブルは、自分が見えていない人の世界で起きる。

心理的な自立が心の充足感を生む

人生の課題を解決しないままに60歳、70歳まで生きてきたから、もう一度矛盾から目をそらすために様々な現実否認をする。

少年期の課題を解決出来ていないで青年期に入る場合、自分が価値ある存在と確信出来ていない。自己肯定感がない。

少年期の課題未解決の不満が扁桃核《へんとうかく》に蓄積されている。

青年期の体験は、その扁桃核で反応する。

「愛想のいい笑顔」で、人に気に入られようとする。

人から拒絶されることを恐れて自己主張できない。

そこで自我の確認を他者に頼る。

それが成長の障害となって自己実現して生きていかれない。

自分の能力を使う喜びの体験がない。

青年期に自我同一性形成に向かわない。

「『自分は何ものか？』ということに対する関心」よりも、他者から認めてもらうことに関心がいく。

少年期の蓄積された感情的記憶の上に、青年期の課題の未解決が積み重なる。

その結果、少年期の課題が未解決だと、青年期に人から認められたくて不得意なことで勝負する場合が多い。

自分の脳のタイプを間違え、詩人になるのが向いている人が政治家をめざしたりする。

この間違いは周囲の世界の期待に沿おうとするからである。

心理的課題を解決するということは「現実に直面する」ことである。

少年期の課題で、依存心から自立心への方向性が決まる。

その解決に成功した人は、青年期には自立へ向かって努力する。努力の方向が間違っていないから、社会的に成功しようが、失敗しようが充実感を持てる。

その時期その時期の心理的課題を解決して生きてきた人と、心理的に未解決な問題を抱えて何も解決しないままに生きてきた人とでは、同じ肉体的、社会的な年齢で同じ体験をしても全く違った解釈と感じ方をする。

心理的にそれぞれの時期の課題を解決して社会的な自分の位置がわかれば、社会的課題は解決しやすい。

フロイデン・バーガーが燃え尽き症候群の人は「善意の意図」と「間違った選択」と書いている。

「善意の意図」だけでは人生の課題は解決できない。

「セリエ博士は、人間は生まれながらに競走馬と亀に大別されるという。競走馬は走るのが使命だから、檻の中に閉じこめられると死んでしまう。一方、亀は、自分のペースでゆっくり一歩ずつ進んでいくのが、その持って生まれた性質だ。亀を速すぎる回し車の上に乗せてむりやり走らせると、疲労して死んでいく。

自分は競走馬の特質を持って生まれてきたのか、亀として生きる運命を担って生まれてきたのか、はっきりと判断すべきである。自分のペースに合わせて行動していれば、ストレスもたまりにくいといえるだろう。自分らしいやり方で、周囲とのバランスをとり、適応していくのが心身の健康を保つうえで大切なことだ。（註25）」

「自分は社会のどこにいるか」を把握する

モラトリアム人間という言葉が流行った時代があった。

モラトリアム人間は、人生の戦場に行きたくない人たちである。

母親との関係のように、いつまでも自分は特別な存在でありたい。実行しないで偉そうな口をきいていれば許されるような世界にいたい。

周囲の人に褒められたくて、自分の適性を間違える。詩人になるべき人が政治家になる。

自分とは何か？

他人から何を期待されているか？

これを理解するのが青年期である。

他者の誕生はそう簡単なことではない。

新型コロナウイルスが猛威を振るった２０２１年の正月。密を避けるため初詣を控えて欲しいという時に、初詣に行って、「新型コロナウイルスが収束しますようにと祈りました」と、平気でテレビの前で言う。

他者の誕生がまだない人である。社会の中で生きていない人である。

社会の中で自分はいかなる位置を占めているのか、それに従っていかに行動すべきか？　これの理解が青年期である。

自分を見つめ、他人との関係を模索してアイデンティティーを確立していく。

青年期の課題を解決しないままで社会にでてしまう人が今は多い。青年期に自分の中に「内なる力」を育成する余裕がなかった人たちである。

その結果、社会の中で自分の位置がわからない。

そういう人は、自分を歓迎してくれる場所があるのに、その場所に不満である。

「実際の自分」以上の自分を見せようとする。

誰にでも自分の位置はある。しかしアイデンティティーの確立がない人は、その位置がわからない。

アイデンティティーが未確立な場合には、中高年期になる頃には出しゃばりで、人に嫌われる。青年期の課題を避けて生きてきた。

どんなに見事に公的生活に成功しても、私的生活につまずく。

自分とは何か？

他人から何を期待されているか？

自分の得意分野は何か？

それがわかっている人、それは自己疎外されていない人であり、現実にコミットできている人である。

自己限定することでモラトリアム人間を乗り越えている。

働き方が決まる。

一人ひとり、心理的成長速度は違う

青年期の課題の一つは興味の覚醒であるが、その障害になっているもの。

それは無意識にある蓄積された憎しみである。

「興味の覚醒」という課題の解決がないと、中年期の責任感が生じてこない。

「興味の覚醒」が出来ないのは、青年期の劣等感から現実否認をし、そこから防衛的態度で非現実的な要求にしがみつくからである。

フロイデン・バーガーは現実否認を続けていると、先ず自分自身からの遊離が始まるという。幻想の世界で生き始める。

「初めに自分の感情から遊離し、次に自らをたのむ心意気を失う」とフロイデン・

バーガーは言う。

自己疎外の状態である。

最終的に自己疎外となり、「何を体験しても深い感情が生じてこない」。そのまま行くと最悪の場合には人とつながっていない幻想の世界に陥る。

何をしていても身が入らない。体験が心に深く残らない。

経験時に心がそこにないから何を体験しても、そのことを心が経験していない。

嬉しい時も悲しい時も、それは自分自身の感情ではない。

人に見せるための感情である。

色もない、匂いもない、音もない、何もない無味乾燥の世界で生きている。

この自己疎外が、現実にコミットしないということに関係する。

この青年期の自己疎外が、中年期を通って、孤独な老年期を準備する。

自己疎外された人というのは、嫌いな人を好きと思って生きている人である。

そういう時代は自己実現して生きていない。

その時代の課題は解決できていない。

つまりその先には進めていない。

その時代、どんなに社会的に業績を挙げて、社会的に成功していても自己疎外されている。

その時代のことは社会的履歴書には書けるが、心の履歴書では空白である。

その時期の体験は心には何も残っていない。

その時代の社会的業績は心の支えにはならない。

「自己疎外は、全ての神経症の発展において核となる問題である。(註26)」

社会的成功がカレン・ホルナイの言う復讐的勝利であるなら、それは心の支えにならない。

逆にますます心の支えを失った弱い人間になってしまう。

「成功するためには、まず、自分をよく知ることから始めなければならない。

自分をよく知ること。それは自分自身を直視し、ごまかさないことだ。自分の認識のありさまを常に点検し、検証することが求められている。自分を知り、自分の能力を信じ、かつ、常に向上心を忘れないことが成功の秘訣ともいえる。(註27)」

「成功するためには、まず、自分をよく知ることから始めなければならない。」

……ここまでは私は大賛成である。

「自分をよく知ること」の具体的内容は、自分の心理的年齢である。

「人間は一人ひとり違っているのが当たり前だ。外見はそっくりな一卵性双生児でさえ、指紋一つとってみても違っている。顔つきや体格、足の形まで違っているように、その能力や感性、考え方も違うのだということを肝に銘じよう。

　人間は、それぞれの外見が違うように、それぞれに違ったレンズを通して物事を見て、違ったフィルターを通して感じ、それぞれ違った音をかき鳴らしている。自分と違う音は、会社でも、家庭でも、国際社会においても聞こえてくる。自分と違う者を否定するところからは、何も生まれてこない。違っているからこそ人間なのだから。(註28)」

これほど、人は一人ひとり違うという主張をしている本でさえ、最も重要な、一人ひとり心理的成長は違うということを述べていない。

50歳を皆同じ50歳と考えれば、人生は必ず行き詰まる。この考え方に固執すれば、必ず地獄に行く。

「自分は肉体的に50歳だが、心理的には何歳なのかな？」

これが天国への出発点である。

あとがき

この本で何度かいうように、年齢には、肉体的年齢と、社会的年齢と、心理的年齢の3つがある。

そして心理的年齢は、外から見てすぐにはわからない。

本人も自分の年齢に気がついていないことがほとんどである。

履歴書にも心理的年齢を書く欄はない。

しかし人生が行き詰まるか、行き詰まらないかで、最も重要なのは心理的年齢である。

年齢を考える時に重要なのはマズローのいう疑似成長である。

社会的にはうまく適応していて周囲から見ると一見成長した人に見える。仕事はそれなりにこなしている。

しかし情緒的には未成熟。心理的には幼稚。

難しく言えば現実適応に成功しているが、本能防衛に失敗している。

初めは立派に見えるが、後に問題を起こす。

小さい頃の時点で見ると英語で言えば、ベスト＆ブライテストな少年少女たちである。

そしてそれに気がつかないままで成長していく。

こういう人は、自分が疑似成長していることに気がついていないと、近い人と親しくなれない。近い人との人間関係に失敗する。

社会的に頑張って燃え尽きる。

疑似成長している人は、情緒的に未成熟でも外側の社会生活を見れば、ノーマルに見える。

だから逆境に強い人か、逆境に弱い人かは逆境にならないとわからない。

さらに、自分の意志で自分が望んで何かをしたことがない。

周囲の人から受け入れてもらうためにそれをした。

要するに引きずられてそうなってしまった。

疑似成長している人は、自分は何のために生きているかわからない。

だから燃え尽き症候群の人になる。

「一種の疑似成長は、人が（抑圧、否定、反動形成その他によって）みたされていない基本的欲求を、実際にはみたされたかそれとも存在しないかのように、みずから確信しようとする場合に、極めて一般的に生ずるものである。[註29]」

疑似成長している人は、自分の欲求不満に気がついていないし、周りも気がついていないことが多い。

マズローの言うように、疑似成長している人は危険な土台の上に立っている。

何かあったら乗り越えられない。逆境に弱いのは当たり前であろう。

問題は、気がついていない上に、その人自身は、その気がついていない欲求不満に支配されている。

疑似成長した場合、「このような欲求は絶えず無意識的な力として固執される。（反復強迫）(註30)」

このような欲求とは満たされていない基本的欲求である。

「50歳になったらどうするか？」などという問題が無意味なのはここにある。

この本では、心理的年齢の重要さを書いたものである。50歳を過ぎてどう生きて良いかわからなくなったら、今までの生き方のツケを払っていると思うことである。

本来、若い頃にするべきことをしてこなかったツケである。

この本では優れた編集者の三輪謙郎氏と高橋千春氏の両氏にお世話になった。長い時間を辛抱強く待ってくれた。

註釈

（註1） Kathleen Stassen Berger, The Developing Person Through the Life Span, Worth Publishers, Inc.,1988, p.568

（註2） ibid., p.568

（註3） エーリッヒ・フロム著、作田啓一・佐野哲郎訳『破壊（復刊版）』紀伊國屋書店、454頁

（註4） 前掲書、463頁

（註5） H.テレンバッハ著、木村敏訳『メランコリー』みすず書房、72頁

（註6） 前掲書、72頁

（註7） Daniel Goleman, Emotional Intelligence, Bantam Books, 1995, p.48

（註8） デヴィッド・シーベリー著、加藤諦三訳『心の悩みがとれる』三笠書房、148頁

（註9） H.テレンバッハ著、木村敏訳『メランコリー』みすず書房、73頁

（註10） デヴィッド・シーベリー著、加藤諦三訳『心の悩みがとれる』三笠書房、146頁

（註11） 井村恒郎訳『フロイド選集〈第四巻〉自我論』日本教文社、268頁

（註12） 宮城音弥著『精神分析入門』岩波新書、173頁

（註13） ロロ・メイ著、小野泰博訳『失われし自我を求めて』誠信書房、139頁

（註14） デニス・ウェイトリー著、加藤諦三訳『新訳 成功の心理学』ダイヤモンド社、13頁

（註15） エーリッヒ・フロム著、鈴木重吉訳『悪について』紀伊國屋書店、127-128頁

（註16） ロロ・メイ著、小野泰博訳『不安の人間学』誠信書房、30頁

（註17） アブラハム・H・マスロー著、上田吉一訳『完全なる人間』誠信書房、57頁

（註18） 前掲書、57頁

（註19） 前掲書、59頁

（註20） Karen Horney, Neurosis and Human Growth, W.W.NORTON & COMPANY, 1950, p.24

（註21） デニス・ウェイトリー著、加藤諦三訳『新訳 成功の心理学』ダイヤモンド社、50頁

（註22） ロロ・メイ著、小野泰博訳『不安の人間学』誠信書房、114頁

（註23） デヴィッド・シーベリー著、加藤諦三訳『心の悩みがとれる』三笠書房、94頁

（註24） 前掲書、95頁

（註25） デニス・ウェイトリー著、加藤諦三訳『新訳 成功の心理学』ダイヤモンド社、14頁

（註26） Karen Horney, Neurosis and Human Growth, W.W.NORTON & COMPANY, 1950, p.187

（註27） デニス・ウェイトリー著、加藤諦三訳『新訳 成功の心理学』ダイヤモンド社、4頁

（註28） 前掲書、7頁

（註29） アブラハム・H・マスロー著、上田吉一訳『完全なる人間』誠信書房、89頁

（註30） 前掲書、89頁

加藤諦三（かとう・たいぞう）

1938年、東京に生まれる。東京大学教養学部教養学科を卒業、同大学院社会学研究科修士課程を修了。早稲田大学名誉教授、ハーバード大学ライシャワー研究所客員研究員、日本精神衛生学会顧問。ラジオのテレフォン人生相談で、半世紀以上出演中。著作は文庫を含めると600冊以上、海外での翻訳出版されたものは約100冊、アメリカ、カナダ、ドイツ、フィリピン、韓国など世界中で、講義、講演を行なっている。外国の著作で日本語に翻訳したものは、40冊以上。

心《こころ》を満《み》たす
50歳《さい》からの生《い》き方《かた》

2021年5月31日　第1刷 発行

著者　加藤諦三《かとうたいぞう》

発行者　佐藤 靖

発行所　大和《だいわ》書房

東京都文京区関口1-33-4 〒112-0014

電話 03-3203-4511

装丁　藤 星夏（TwoThree）

写真　iStock

カバー印刷　歩プロセス

本文印刷　厚徳社

製本所　小泉製本

ISBN978-4-479-64044-8

http://www.daiwashobo.co.jp